体验汉语

口语教程·初级 4

Experiencing Chinese

Oral Course · Starter 4

第 2 版

主编

陈作宏

编者

陈作宏　赵永红　史翠玲

高等教育出版社·北京

图书在版编目（CIP）数据

体验汉语口语教程. 初级. 4 / 陈作宏主编；陈作宏，赵永红，史翠玲编者. -- 2版. -- 北京：高等教育出版社, 2021.5

ISBN 978-7-04-055915-6

Ⅰ. ①体… Ⅱ. ①陈… ②赵… ③史… Ⅲ. ①汉语－口语－对外汉语教学－教材 Ⅳ. ①H195.4

中国版本图书馆CIP数据核字（2021）第049099号

策划编辑 杨 曦　　责任编辑 杨 曦　　封面设计 张志奇　　版式设计 孙 伟
插图绘制 李欣蓉 齐 珏　　英文审译 崔 灿　　插图选配 杨 曦　　责任校对 李 玮
责任印制 田 甜

出版发行 高等教育出版社
社　　址 北京市西城区德外大街4号
邮政编码 100120
印　　刷 北京鑫海金澳胶印有限公司
开　　本 889mm×1194mm 1/16
印　　张 14.75
字　　数 390千字
购书热线 010-58581118
咨询电话 400-810-0598
网　　址 http://www.hep.edu.cn
http://www.hep.com.cn
网上订购 http://www.hepmall.com.cn
http://www.hepmall.com
http://www.hepmall.cn
版　　次 2010年5月第1版
2021年5月第2版
印　　次 2021年5月第1次印刷
定　　价 68.00元

物 料 号 55915-00

前言

口语教学在国际汉语教学中一直受到高度关注，口头交际能力也一直是海内外各类汉语课堂关注的焦点。尽管口语教学的目标十分明确，但由于学习者情况复杂，在实际的教学中难免存在初级阶段精读化、高级阶段泛读化的问题。2009 年，为了融合先进的教学理念、提供实用的教学内容，同时引导教师采用符合口语教学特点的方法进行教学，《体验汉语口语教程》陆续面世，受到了汉语教师和学习者的关注和喜爱。

为顺应时代的变化，紧跟汉语教学及教材发展的步伐，更好地服务教学，作者团队在对教材使用情况进行广泛调研的基础上，听取了部分教师的宝贵建议后，对教材进行了全面修订和完善，合理规划和整合了相应的教学资源，并配套开发了部分数字课程，初步形成了一套立体化的汉语口语教学解决方案。

☞ 设计理念

“体验汉语口语”系列采用以任务为中心的体验式课堂教学模式，力求体现在使用汉语中学习汉语的体验式教学理念。教材吸取各教学法之长，特别是任务型语言教学的优势，具有教学目标明确具体、教学内容真实有用、教学方法互动性强等特点。为了给教师教学和学生学习提供立体便捷和丰富实用的教学材料，使学习者更好地与教材互动，《体验汉语口语教程（第 2 版）》的部分内容通过二维码呈现；为了方便学习者自学，实现学习者自学时与教师的互动，课程方案还提供了线上教学资源，使用者可以根据指示登录相关网站获取配套资源。

☞ 适用对象与分级

《体验汉语口语教程（第 2 版）》适用于母语非汉语的外国人学习汉语口语。

教材以《高等学校外国留学生汉语教学大纲 · 长期进修》为基础确定教学等级，结合《汉语国际教育用音节汉字词汇等级划分》确定难度，并参考《国际汉语教学通用课程大纲》的“国际汉语教学话题及内容建议表”确定教学主题和教学内容。

教材共 10 册，分为初级（4 册）、准中级（2 册）、中级（2 册）、高级（2 册）四个等级，初级阶段关注学习者的汉语生存交际能力，中、高级阶段关注学习者运用汉语进行深度交谈的能力。各册的主题和内容循环递进，注重相关内容在不同等级之间的搭接。

每册教材适合一个学期使用，教师可根据学习者的情况和班级人数，利用复习课及二维码资源中的练习和拓展活动对教学内容进行适当调整。

☞ 设计思路与特点

1. 重视以贴近生活的口头交际任务为主线安排教学内容，提高教学内容的实用性和课堂教学的交际性。教学过程突出以意义为中心推进教学的思路，但不忽视语言形式的学习。
2. 致力于为教师提供完整、易操作的“一站式”汉语教学方案，既提供主题明确的教学材料，也提供易于操作的教学步骤和方法，并随文提供教学建议，以减轻教师的备课负担。
3. 教学活动设计注重从输入到输出、从旧知识到新知识、从个人准备到合作学习的自然过渡；重视话题的循环递进和每一课准备环节的复习和热身，便于不同学习者同步进入和参与到体验式的学习中，并能降低情感过滤、提高教学效果；任务后对重要的语言结构和口语常用形式进行追踪整理，使不同学习者既有在参与和体验中学习和使用汉语的真实感受，又能注意提高表达的准确性。
4. 为便于学习者在课前预习词语时理解和记忆，词语表采取了尽量按意义线索分组排列的方式；考虑到部分教师习惯使用按顺序排列的词语表进行备课，书后也提供了顺序词语表，并注明了补充词。教师还可以通过二维码链接中的词语表了解本课的超纲词情况。
5. 提供“资源式”教学资料，图书二维码链接中含语言贴士、课文译文、补充练习、拓展活动等大量配套教学资源，扫码即可获取，方便广大师生根据自身需求使用。

希望您能喜欢《体验汉语口语教程（第 2 版）》，也希望您能对教材提出批评和建议。本教材的编写、修订和出版得到了高等教育出版社国际语言文化出版中心的大力支持和帮助，在此一并表示衷心的感谢！

编者

2020 年 10 月

Preface

Speaking ability has always been a focus of Chinese language teaching to second language learners, both in China and abroad. Although the intention to prioritize speaking is evident, due to the complexity of learning circumstances, the focus of oral courses has often ended up shifting to reading – specifically intensive reading at the beginner level and extensive reading at more advanced levels. In 2009, the *Experiencing Chinese Oral Course* series was published in order to integrate contemporary teaching methodologies, provide practical teaching content, and guide teachers to adopt teaching techniques that emphasize speaking ability. The *Experiencing Chinese Oral Course* has progressively become available around the world, and has been popular among Chinese language teachers and learners.

In order to adapt to the changes of the times, stay up-to-date with developments in Chinese teaching and teaching materials, and provide the best-quality resources for classrooms, the authors conducted a thorough investigation of Chinese language teaching. After integrating the valuable suggestions from teachers, the authors made significant revisions and improvements to the materials, designed and compiled a set of supplementary teaching resources, and developed a series of digital courses, creating a multi-faceted Chinese speaking learning plan.

☞ Design Principles

The *Experiencing Chinese Oral Course* adopts a task-based experiential model for classroom teaching, and strives to exemplify the notion of learning Chinese through experiencing. The textbook draws on the strong points of various teaching methodologies, especially the advantages of task-based language teaching, with clear and specific teaching objectives, authentic and practical learning content, and interactive teaching methods. In order to provide a rich range of accessible resources for teachers and students, and give learners a more interactive experience, some of the content from the *Experiencing Chinese Oral Course (2nd Edition)* is presented through scanning QR codes. To assist students' self-study and to facilitate their communication with teachers during self-study, the curriculum plan also provides online teaching resources. Users can access by logging into the related websites, as indicated in the instructions.

☞ Target Students and Levels

The *Experiencing Chinese Oral Course (2nd Edition)* is intended for students whose native language is not Chinese, to learn spoken Chinese.

The leveling of the teaching materials was determined on the basis of the *Chinese Instruction Syllabus for Foreign Students in Colleges and Universities (long-term advanced studies). The Graded Chinese Syllables, Characters and Words for the Application of Teaching Chinese to Speakers of Other Languages* was used as a reference to determine difficulty. The *International Chinese Education Topic and Content Suggestion Table* from the *International Curriculum for Chinese Language Education* was also referred to in deciding the topics and content of our teaching materials.

The course includes 10 volumes, and is divided into four levels: starter (4 volumes), pre-intermediate (2 volumes), intermediate (2 volumes), and advanced (2 volumes). The starter phase focuses on learners' living and communication skills in Chinese, and the intermediate to advanced phases focus on the learner's ability to use Chinese for in-depth conversation. The topics included in each volume expand on one another, and repeat periodically, focusing on the overlap of related content between different levels.

Each volume is suitable for one semester of instruction. Teachers can adjust teaching plan according to student progress and class size through review class as well as exercises and extended activities presented by the QR code.

☞ Design Concept and Characteristics

1. The course focuses on arranging the teaching content by prioritizing everyday oral communication tasks, in order to improve the practicality of the teaching content and the communicative nature of lesson plans. The teaching process emphasizes the idea of using meaning as the driving force of learning as well as the instruction of language forms.
2. Committed to providing teachers with a comprehensive and easy-to-use "one-stop" Chinese teaching program, the course provides teaching materials with clear themes as well as easy-to-use teaching processes and methods, and includes teaching suggestions alongside the text to lighten teachers' workload in lesson planning.
3. In the design of teaching activities, we pay attention to the natural transition from input to output, from old knowledge to new knowledge, and from individual preparation to group learning. We also focus on the cyclical sequence of topics, the review and warm-up of each lesson. This makes it easier for different types of learners to actively participate and engage in experiential learning at the same time, which reduces emotional filtering, and improves teaching effect. After each task, important language structures and common oral expressions are explained and summarized, allowing different types of students to have the authentic experience of learning while communicating in Chinese, and also to pay attention to improving the accuracy of expression.
4. In order to facilitate learners' understanding and memorization of vocabulary before class, the vocabulary lists are sorted into categories based on meaning. In consideration of the fact that some teachers may be accustomed to using ordered vocabulary lists for lesson preparation, ordered vocabulary lists and supplementary vocabulary are also provided at the end of the book. The additional vocabulary that was not taught in the syllabus are marked. Teachers can get the lists through the QR code.
5. Resource-based teaching materials are provided. The QR codes in the book contain a large number of teaching aids, such as language tips, text translations, additional exercises, and extended activities. All the materials can be accessed to by just scanning the QR code. Teachers and students can easily make use of the resources as needed.

We hope you enjoy the *Experiencing Chinese Oral Course (2nd Edition)*, and also look forward to hearing your critiques and suggestions. The writing, revision and publishing of this textbook have been greatly supported and made possible by the International Language and Culture Publishing Center of Higher Education Press, to whom we would like to express our heartfelt thanks!

The Authors

October, 2020

使用说明

本册适合母语非汉语、有一年左右汉语学习经历、掌握了 800 个以上汉语基础词汇的汉语学习者使用。在正规的语言课堂上，可使用 16 周左右，也可以供不分课型的短期班根据需要使用。

全书包括 12 个正课和 2 个复习课，每个正课建议学时为 7—8 课时，教师可以根据情况，灵活选用每课的二维码资源。

目标

帮助教师明确学习目标、有的放矢地进行课堂教学，并能更好地调动学生的学习兴趣。

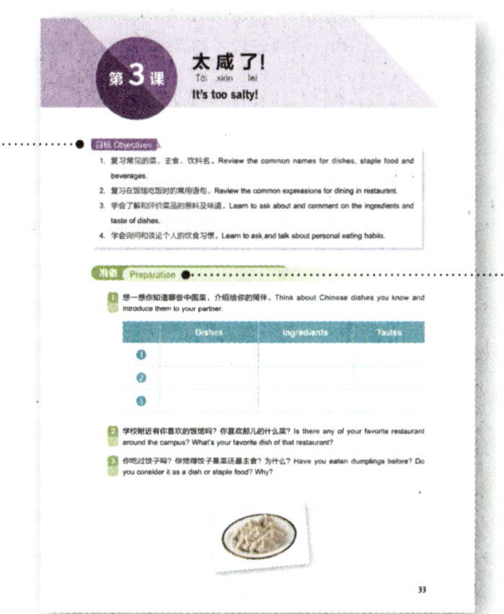

准备

复习与预习相结合，激活与学习目标相关的知识，为教学顺利进行做热身准备。

词语

按意义线索分组排列的词语表，便于学生理解和记忆。

书后附有按词语出现顺序排列的传统词语表，方便师生根据个人习惯使用。

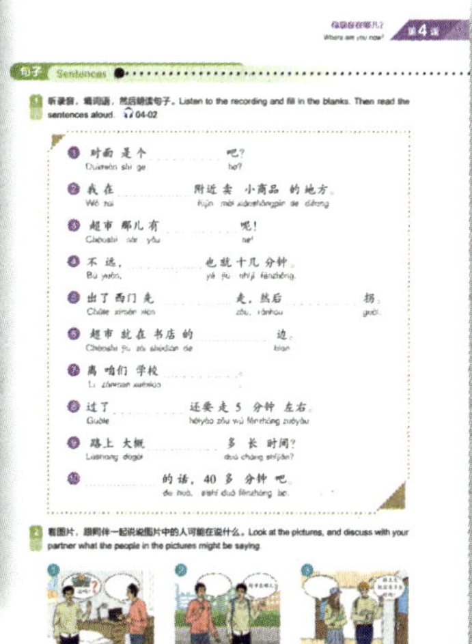

句子

帮助学生熟悉词语用法，并为完成本课目标任务做好句子方面的准备。

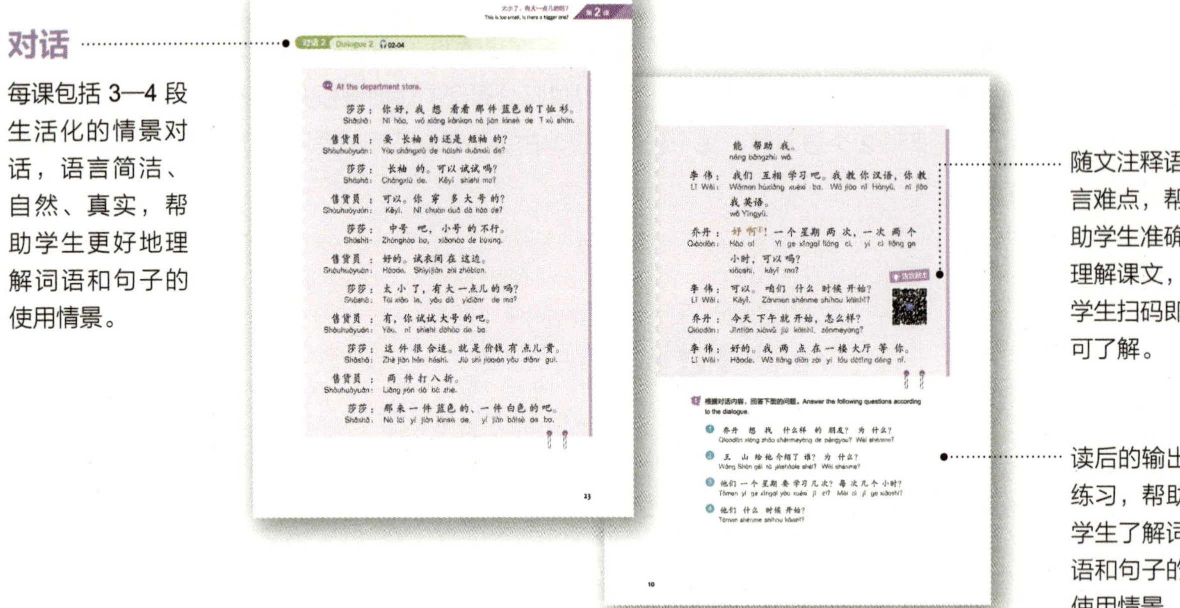

对话

每课包括 3—4 段生活化的情景对话，语言简洁、自然、真实，帮助学生更好地理解词语和句子的使用情景。

随文注释语言难点，帮助学生准确理解课文，学生扫码即可了解。

读后的输出练习，帮助学生了解词语和句子的使用情景。

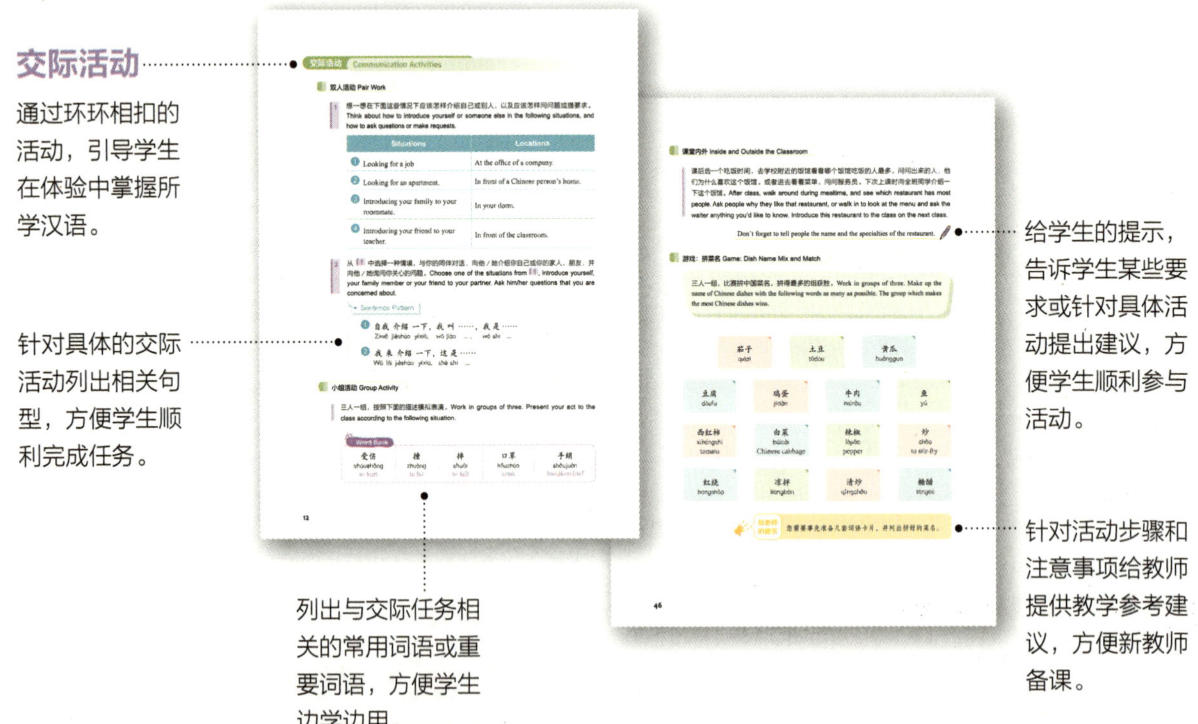

交际活动

通过环环相扣的活动，引导学生在体验中掌握所学汉语。

针对具体的交际活动列出相关句型，方便学生顺利完成任务。

列出与交际任务相关的常用词语或重要词语，方便学生边学边用。

给学生的提示，告诉学生某些要求或针对具体活动提出建议，方便学生顺利参与活动。

针对活动步骤和注意事项给教师提供教学参考建议，方便新教师备课。

复习与总结

归纳整理当课所学的词语、句子以及重要的语言结构和口语常用语言格式等，也可作为课外作业。

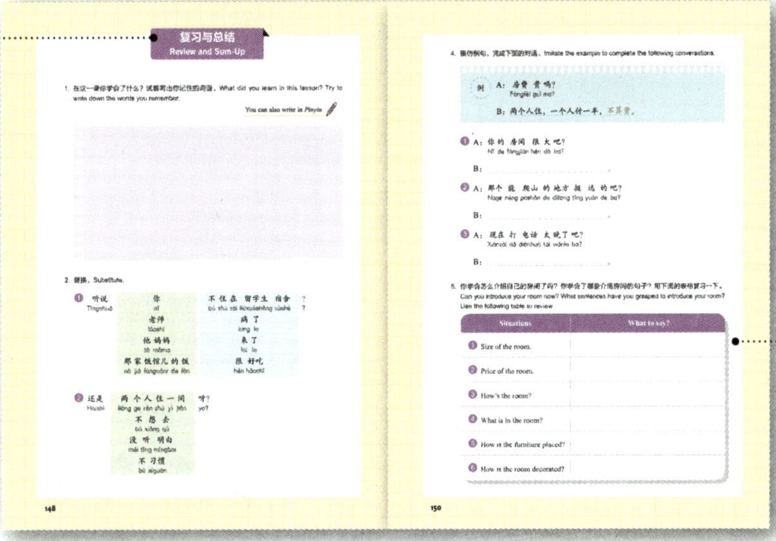

引导学生通过交际性任务整理本课重要语言格式。

扫描文前二维码即可使用，也可以根据二维码文件中的指示到相关网站下载使用。

拓展活动

教师可根据情况灵活使用。

复习课

每 6 课一个复习课，主要用于复习、整理和评价，部分内容也可以作为口语考试使用。

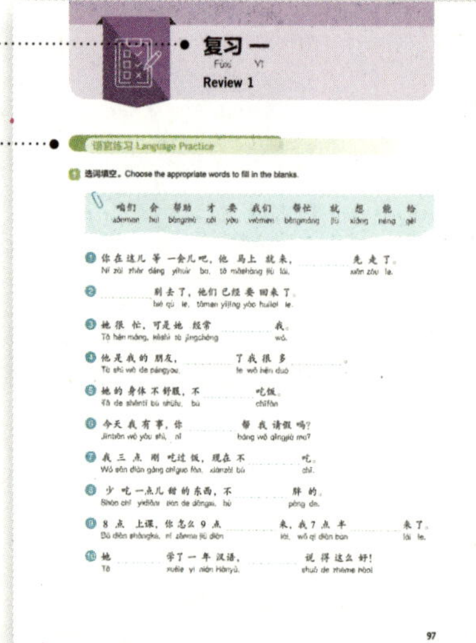

语言练习

教师可以用来组织学生集中复习重要和常用的词语和语言点。

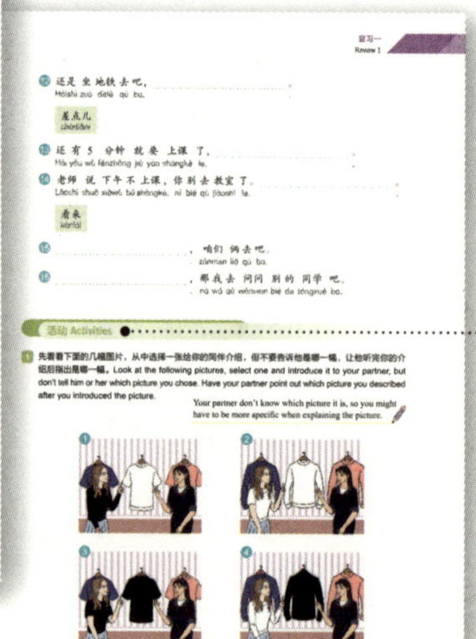

活动

与正课内容相关的综合性活动，不但可以用于复习，也可以在调整课堂教学安排时灵活使用。

短剧表演

既可以作为戏剧化的教学方式用于调整教学安排，也可以用于任务式的口语考试。

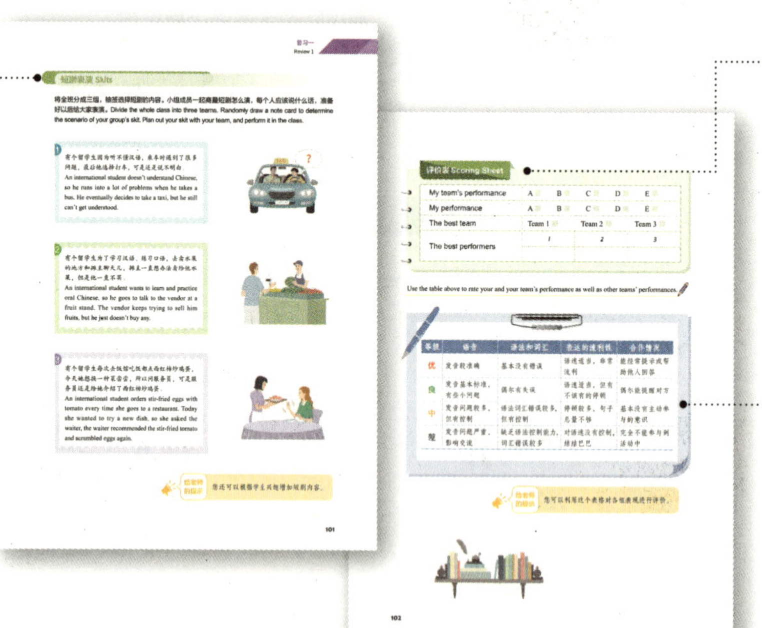

学生评价表： 让学生为自己、同伴和小组在活动中的表现做出评价，便于学生发现自己的优点和不足。

教师评价表： 为教师评价学生的口语状况提供一个较为客观的参考标准。

Introduction

This book is designed for non-native Chinese speaker with approximately one year's worth of lessons, or Chinese learners who have mastered at least 800 fundamental Chinese vocabulary. It can be used in formal language courses, with approximately 16 weeks' worth of lessons, or for any type of short-term language program, tailored as needed.

The book includes 12 main lessons and 2 review lessons. Each of the main lessons can be taught over seven to eight class periods. The teacher may utilize the QR code resources according to the needs of the course.

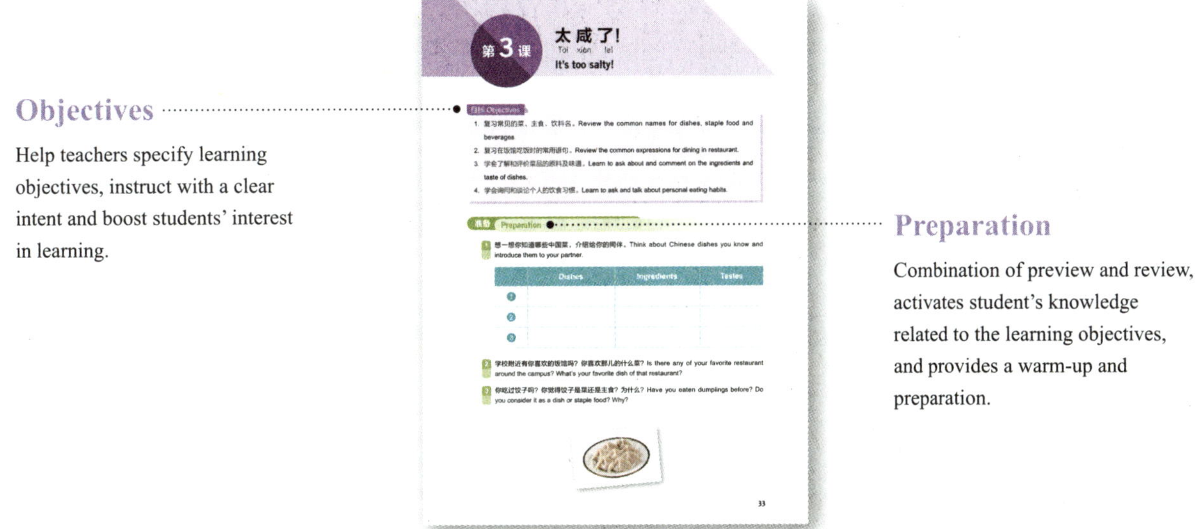

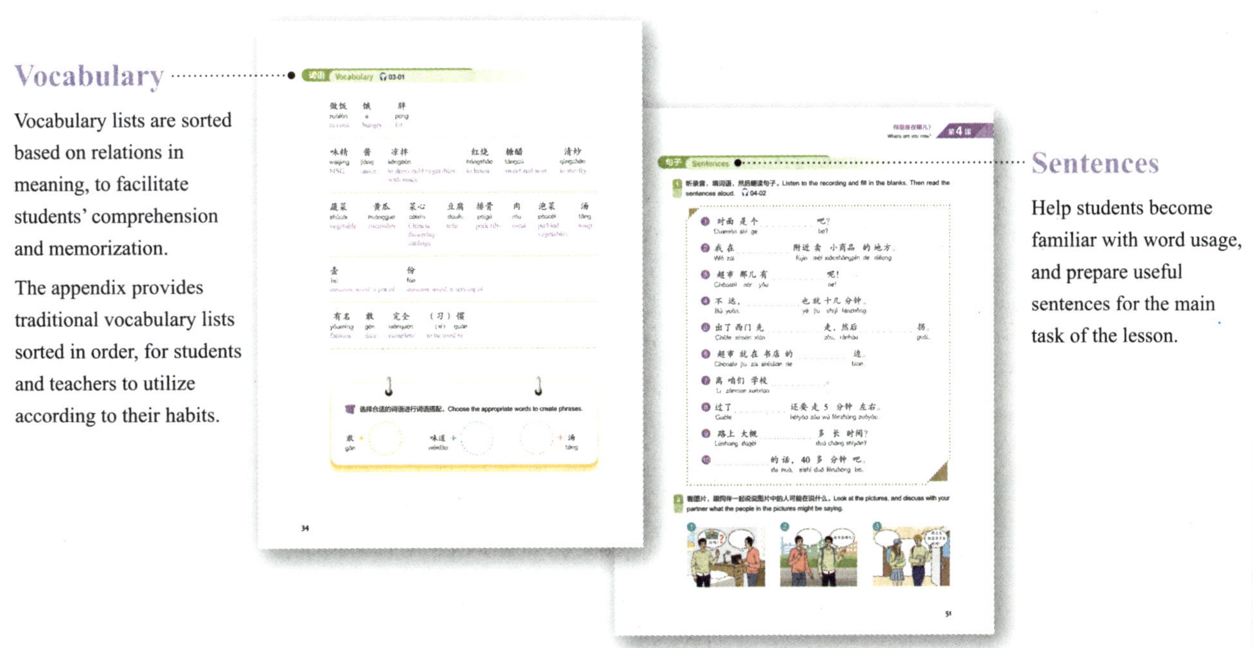

Dialogues

Each main lesson includes three to four dialogues reflecting daily life. The language is concise, natural, and authentic, which help students better understand the contexts in which the vocabulary and sentences are used.

Marked tricky words and grammar points help students better understand the content. Students can scan the QR code to read the explanation.

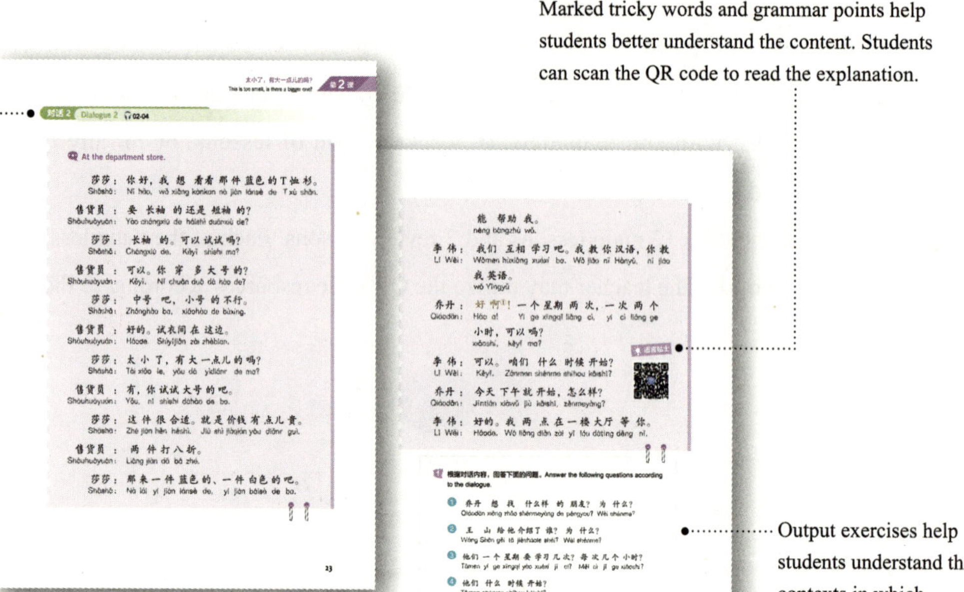

Output exercises help students understand the contexts in which words and sentences are used.

Communication Activities

By continuously engaging in a variety of activities, students are able to grasp the language through experiencing.

The sentence patterns applicable to the communication activity are listed to help students complete the task efficiently.

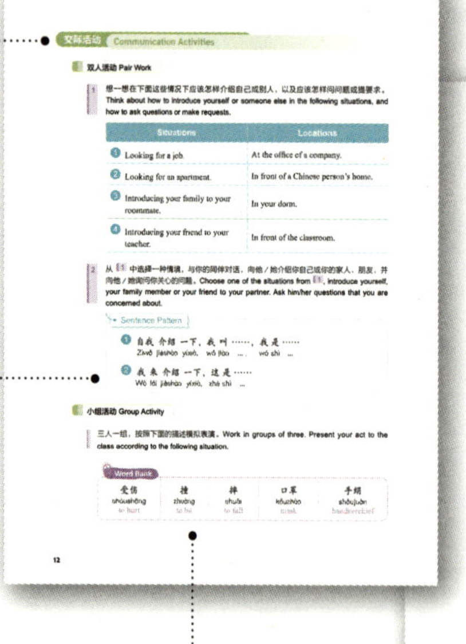

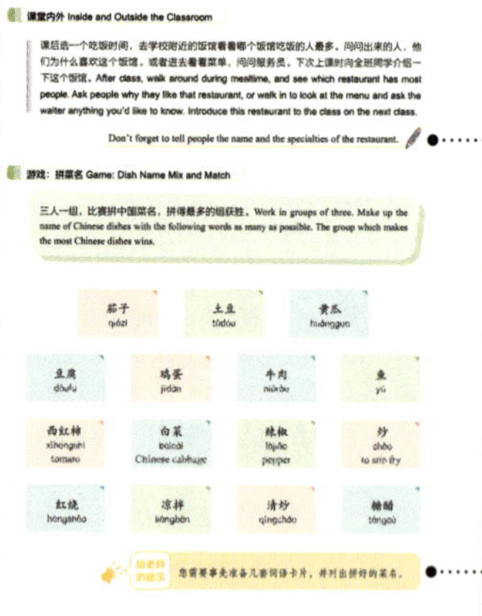

These clues for students, including specific requirements or suggestions for specific activities, help students become engaged in the activities.

Common vocabulary related to the communication task and important vocabulary are listed, to help students learn by using the words.

These suggestions which are related to the procedure of the activity and important points for attention help teachers facilitate lesson planning.

Review and Sum-Up

Go over and solidify the words, sentences, important sentence patterns and expressions, etc. learned in the lesson. It can be used as homework assignments.

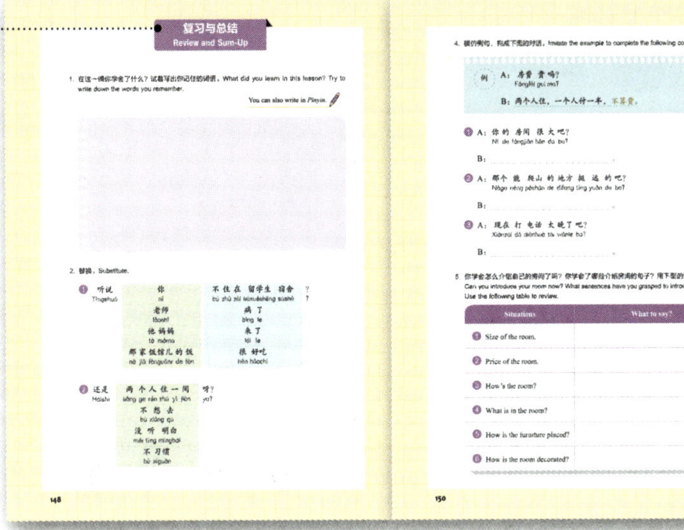

Guide students to review the important grammar points and expressions with communication activities.

Scan the QR code to get access to the resources, or visit the website to download the resources, following the instructions on the QR code document.

Extended Activities

Teachers can utilize the extended exercises according to the needs of the course.

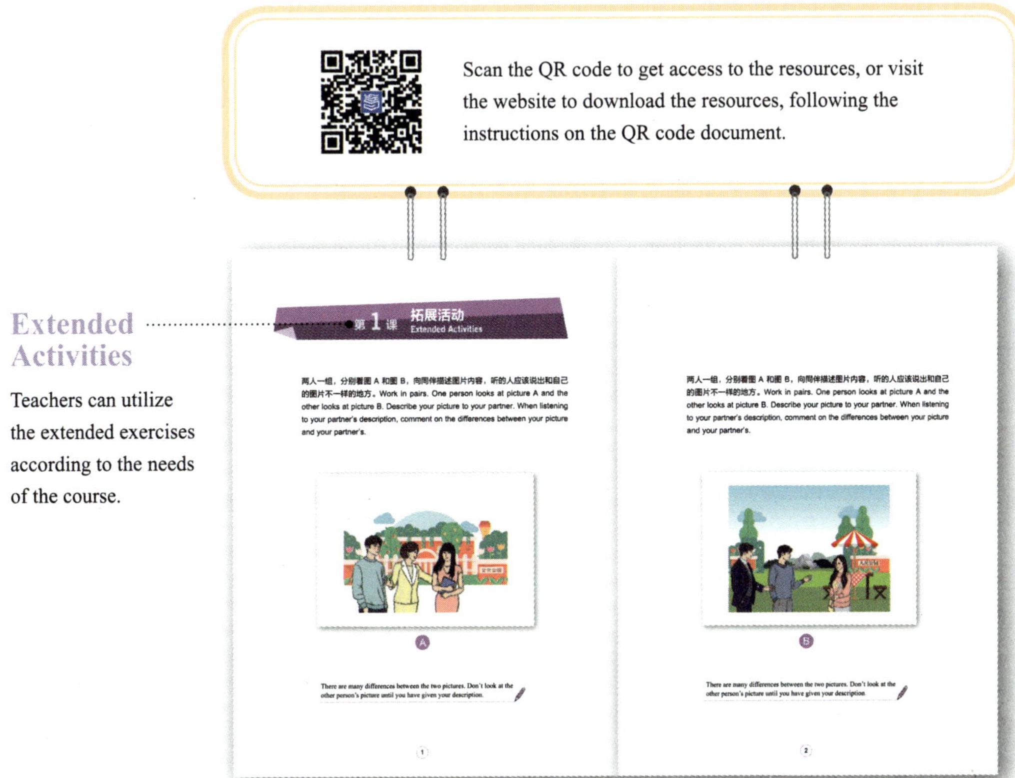

There is one review lesson for every six lessons. This is for review, consolidation, and evaluation. Part of the content can be used as a speaking test.

Language Practice

Can be used to review important and commonly used words and language points.

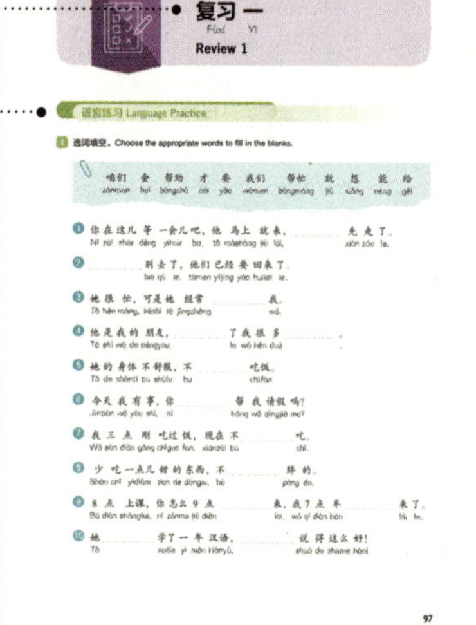

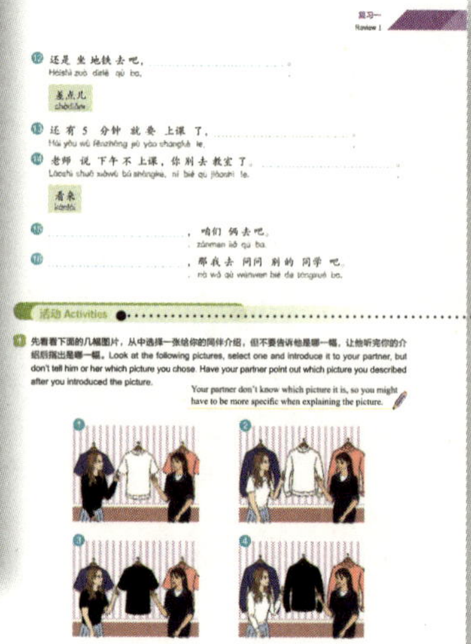

Activities

Provide comprehensive activities related to the main lesson, and can be used to review or can be used as needed.

Can be used as a dramatic learning method, to vary the format of the lessons, and can also be used as a task-based speaking test.

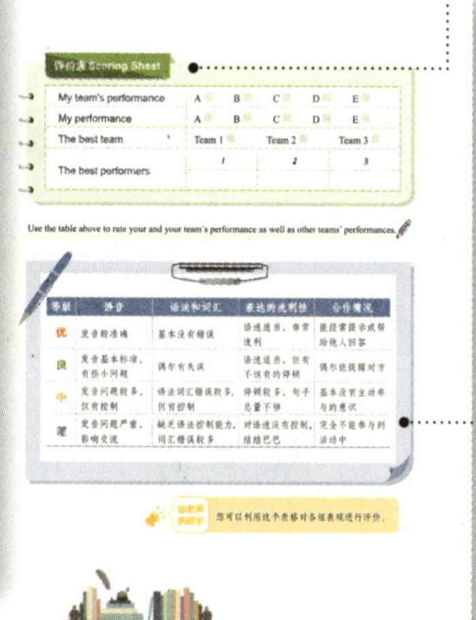

Student Scoring Sheet: It can be used by students to evaluate the performances of their own, their classmates and their teams. Scoring sheet helps students identify their strong and weak points.

Teacher Evaluation Sheet: It can be used as a relatively objective standard for teachers to evaluate students' speaking abilities.

主要人物
Main Characters

李 伟
Lǐ Wěi

乔丹
Qiáodān

王 老师
Wáng lǎoshī

李 红
Lǐ Hóng

莎莎
Shāshā

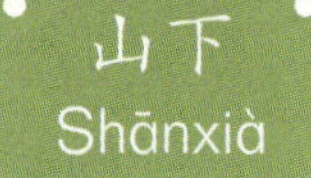

张 老师
Zhāng lǎoshī

王 山
Wáng Shān

马修
Mǎxiū

春香
Chūnxiāng

目录
Contents

识别上方二维码

或访问 http://2d.hep.cn/352344/1

获取图书相关资源

第1课 欢迎你们！

Huānyíng nǐmen!

Welcome everyone!

目标 Objectives

1. 复习常用的打招呼用语。Review the common greetings.
2. 学会较正式的欢迎用语和问候语。Learn the common greetings and salutations in formal situations.
3. 学会正式地介绍自己及他人。Learn to formally introduce yourself and others.
4. 学会客气地提问和提要求。Learn to politely ask questions and make requests.

准备 Preparation

1 仔细看看图片，先把想到的词语写在图片下边，然后为每一幅图片选择一个恰当的打招呼的方式。Look closely at the pictures, write down the words they remind you of below the pictures, and select the proper way to greet based on the pictures.

①

②

③

2 两人一组，商量一下中国人在下面几种情况见面时一般会怎么打招呼。Work in pairs, discuss how to greet in Chinese under the following situations.

1 去上班的时间。
Time to go to work.

2 吃饭的时间。
Time to eat.

3 下班回家的时间。
Time to go back home.

4 路上看到熟人离家往外走。
See an acquaintance leaving his or her home.

5 在学校看到老师进教学楼。
See your teacher walking into the school building.

When running into an acquaintance, Chinese people generally greet them by asking if they are doing what it seems like they might be doing. It really doesn't matter what the other person answers.

3 你们觉得下面几种情况应该怎么打招呼？How do you think you should greet people in the following situations?

1 在宿舍第一次见到室友。
Meet your roommate for the first time in your dorm.

2 在教室第一次见到同学。
Meet your classmates for the first time in the classroom.

3 在教室第一次见到老师。
Meet your teacher for the first time in the classroom.

4 在机场第一次见到公司的客人。
Meet your business client for the first time at the airport.

词语 Vocabulary 01-01

给老师的提示：您别忘了提醒学生课前预习这些词语。

自我 介绍	互相
zìwǒ jièshào	hùxiāng
to make a self-introduction	mutually

专业	文学
zhuānyè	wénxué
major	literature

路上	停车场	午饭	大厅
lùshang	tíngchēchǎng	wǔfàn	dàtīng
on the way	parking lot	lunch	lobby

提	要求
tí	yāoqiú
to make, to propose	request

参观	旅游	购物	日常	日用品
cānguān	lǚyóu	gòuwù	rìcháng	rìyòngpǐn
to visit	to travel	to shop	daily	daily necessity

关于	其他	赶紧	虽然
guānyú	qítā	gǎnjǐn	suīrán
about	other	to hurry up	although

Proper Noun

马修	乔丹	莎莎	李伟
Mǎxiū	Qiáodān	Shāshā	Lǐ Wěi
Matthew	Jordan	Sasa	Li Wei

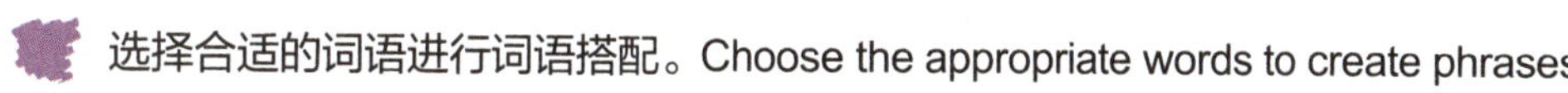

选择合适的词语进行词语搭配。Choose the appropriate words to create phrases.

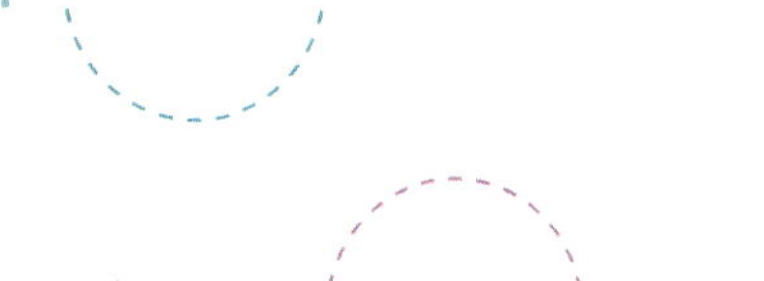

介绍 jièshào + ○

提 tí + ○

互相 hùxiāng + ○

○ + 旅游 lǚyóu

句子 Sentences

1 听录音，填词语，然后朗读句子。Listen to the recording and fill in the blanks. Then read the sentences aloud. 01-02

1. 同学们，＿＿＿＿你们！
   Tóngxuémen, ＿＿＿＿ nǐmen!
2. 自我＿＿＿＿一下，我叫王山。
   Zìwǒ ＿＿＿＿ yíxià, wǒ jiào Wáng Shān.
3. 大家路上＿＿＿＿了！
   Dàjiā lùshang ＿＿＿＿ le!
4. 我们都＿＿＿＿买一些日常用的东西。
   Wǒmen dōu ＿＿＿＿ mǎi yì xiē rìcháng yòng de dōngxi.
5. 请大家＿＿＿＿。
   Qǐng dàjiā ＿＿＿＿.
6. 我可以问你一个＿＿＿＿吗？
   Wǒ kěyǐ wèn nǐ yí ge ＿＿＿＿ ma?

If you cannot write Chinese characters, you can write *Pinyin* instead.

7. 你一定有很多想去的__________。
Nǐ yídìng yǒu hěn duō xiǎng qù de __________.

8. 你能__________我吗？
Nǐ néng __________ wǒ ma?

9. 我来介绍一下，这位是我的__________李伟。
Wǒ lái jièshào yíxià, zhè wèi shì wǒ de __________ Lǐ Wěi.

10. 我希望能跟中国朋友一起__________口语。
Wǒ xīwàng néng gēn Zhōngguó péngyou yìqǐ __________ kǒuyǔ.

给老师的提示　您可以采用各种方式来操练句子，同时纠正学生的发音错误。

2 看图片，跟同伴一起说说图片中的人可能在说什么。Look at the pictures, and discuss with your partner what the people in the pictures might be saying.

给老师的提示

1. 有的图片可以说的话不止一句，您可以提醒学生多试一试。
2. 您可以在学生完成后，指出有问题的句子并给出正确的句子。

3 和同伴一起，选择合适的句子完成对话。Use the appropriate sentences to complete the conversations with your partner.

1. A: __________。　B: 你好！很高兴认识你。
   Nǐ hǎo! Hěn gāoxìng rènshi nǐ.

2. A: __________。　B: 好的。吃完饭我带你们去超市。
   Hǎode. Chīwán fàn wǒ dài nǐmen qù chāoshì.

3. A: __________？　B: 可以。
   Kěyǐ.

4. A: __________？　B: 没问题。
   Méi wèntí.

对话 1 Dialogue 1 01-03

At the airport arrival exit.

语言贴士

王　山：同学们，欢迎你们！
Wáng Shān: Tóngxuémen, huānyíng nǐmen!

学生们：你好！
Xuéshengmen: Nǐ hǎo!

王　山：自我介绍一下，我叫王山，是来接你们的①。
Wáng Shān: Zìwǒ jièshào yíxià, wǒ jiào Wáng Shān, shì lái jiē nǐmen de.

马修：王山，你好！我叫马修。很高兴认识你！
Mǎxiū: Wáng Shān, nǐ hǎo! Wǒ jiào Mǎxiū. Hěn gāoxìng rènshi nǐ!

乔丹：你好，王山！我是乔丹，她是莎莎。
Qiáodān: Nǐ hǎo, Wáng Shān! Wǒ shì Qiáodān, tā shì Shāshā.

王　山：你们好！大家路上辛苦了！
Wáng Shān: Nǐmen hǎo! Dàjiā lùshang xīnkǔ le!

马修：咱们学校远吗？
Mǎxiū: Zánmen xuéxiào yuǎn ma?

王　山：不太远，半个小时就到了。
Wáng Shān: Bú tài yuǎn, bàn ge xiǎoshí jiù dào le.

乔丹：王山，我们都需要买一些日常用的东西。怎么说来着②？
Qiáodān: Wáng Shān, wǒmen dōu xūyào mǎi yì xiē rìcháng yòng de dōngxi. Zěnme shuō láizhe?

王　山：日用品。
Wáng Shān：Rìyòngpǐn.

乔丹：对、对、对。日用品。
Qiáodān：Duì, duì, duì. Rìyòngpǐn.

王　山：午饭以后，我带你们去购物。
Wáng Shān：Wǔfàn yǐhòu, wǒ dài nǐmen qù gòuwù.

莎莎：太好了！现在咱们去哪儿？
Shāshā：Tài hǎo le! Xiànzài zánmen qù nǎr?

王　山：去停车场。请大家跟我走。
Wáng Shān：Qù tíngchēchǎng. Qǐng dàjiā gēn wǒ zǒu.

莎莎：好的。谢谢你！
Shāshā：Hǎode. Xièxie nǐ!

根据对话内容，回答下面的问题。Answer the following questions according to the dialogue.

1. 王山来做什么？
Wáng Shān lái zuò shénme?

2. 王山见到大家时怎样介绍自己（self）。
Wáng Shān jiàndào dàjiā shí zěnyàng jièshào zìjǐ.

3. 乔丹想买什么？他们什么时候去？
Qiáodān xiǎng mǎi shénme? Tāmen shénme shíhou qù?

4. 他们现在去哪儿？
Tāmen xiànzài qù nǎr?

扫描二维码，跟同伴一起说一说。Scan the QR code, and talk about the questions with your partner.

对话 2 Dialogue 2 01-04

On the bus.

马修：我 可以 问 你 一 个 问题 吗？
Mǎxiū：Wǒ kěyǐ wèn nǐ yí ge wèntí ma?

王　山：当然 可以。有 什么 要求 也 可以 提。
Wáng Shān：Dāngrán kěyǐ. Yǒu shénme yāoqiú yě kěyǐ tí.

马修：你 是 我们 的 汉语 老师 吗？
Mǎxiū：Nǐ shì wǒmen de Hànyǔ lǎoshī ma?

王　山：不是。我是 学校 的 研究生，来 帮忙 的。
Wáng Shān：Bú shì. Wǒ shì xuéxiào de yánjiūshēng, lái bāngmáng de.

马修：我们 出去 参观 旅游 的 时候，你 也 一起 去 吗？
Mǎxiū：Wǒmen chūqu cānguān lǚyóu de shíhou, nǐ yě yìqǐ qù ma?

王　山：除了 有 课 的 时候，其他 时间 我 都 可以 去。
Wáng Shān：Chúle yǒu kè de shíhou, qítā shíjiān wǒ dōu kěyǐ qù.

马修：你 学 什么 专业？
Mǎxiū：Nǐ xué shénme zhuānyè?

语言贴士

王　山：中国 文学。你 呢？
Wáng Shān：Zhōngguó wénxué. Nǐ ne?

马修：我 是 经济 专业 的。你们 课 多 吗？
Mǎxiū：Wǒ shì jīngjì zhuānyè de. Nǐmen kè duō ma?

王　山：我 快 毕业 了，课 不 太 多。你 以前 来过 这里 吗？
Wáng Shān：Wǒ kuài bìyè le, kè bú tài duō. Nǐ yǐqián láiguo zhèli ma?

马修：我虽然学汉语，但是我第一次来中国。
Mǎxiū: Wǒ suīrán xué Hànyǔ, dànshì wǒ dì-yī cì lái Zhōngguó.

王山：那你一定有很多想去的地方。
Wáng Shān: Nà nǐ yídìng yǒu hěn duō xiǎng qù de dìfang.

马修：是的。我看过很多关于中国的书，也有很多问题。你能帮助我吗？
Mǎxiū: Shìde. Wǒ kànguo hěn duō guānyú Zhōngguó de shū, yě yǒu hěn duō wèntí. Nǐ néng bāngzhù wǒ ma?

王山：没问题①。
Wáng Shān: Méi wèntí.

马修：非常感谢！
Mǎxiū: Fēicháng gǎnxiè!

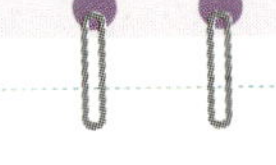

1 根据对话内容，回答下面的问题。Answer the following questions according to the dialogue.

1. 马修想做什么？
   Mǎxiū xiǎng zuò shénme?
2. 王山是老师吗？
   Wáng Shān shì lǎoshī ma?
3. 王山和马修他们一起旅游吗？
   Wáng Shān hé Mǎxiū tāmen yìqǐ lǚyóu ma?
4. 马修以前来过中国吗？
   Mǎxiū yǐqián láiguo Zhōngguó ma?
5. 王山能帮助马修吗？
   Wáng Shān néng bāngzhù Mǎxiū ma?

2 根据对话内容填空，然后试着复述对话。Fill in the blanks according to the dialogue. Then try to retell the dialogue.

马修想知道 ① ________。王山
Mǎxiū xiǎng zhīdào ________. Wáng Shān

告诉 他 自己 ❷ ________，没 课 的 时候
gàosu tā zìjǐ ________, méi kè de shíhou

❸ ________。马修 是 第一 次 来 中国，他
________. Mǎxiū shì dì-yī cì lái Zhōngguó, tā

❹ ________，他 希望 ❺ ________
________, tā xīwàng ________

____，王 山 说 ❻ ________。
____, Wáng Shān shuō ________.

对话 3 Dialogue 3 01-05

In the lobby of the international student dorm.

王 山：我 来 介绍 一下，这 位 是 我 的 朋友 李 伟。
Wáng Shān: Wǒ lái jièshào yíxià, zhè wèi shì wǒ de péngyou Lǐ Wěi.

乔丹：你 好！我 叫 乔丹。
Qiáodān: Nǐ hǎo! Wǒ jiào Qiáodān.

李 伟：你 好，乔丹。听说 你 想 找 一个 中国 朋友 一起 学习？
Lǐ Wěi: Nǐ hǎo, Qiáodān. Tīngshuō nǐ xiǎng zhǎo yí ge Zhōngguó péngyou yìqǐ xuéxí?

乔丹：是的。我 下午 没有 课，希望 能 跟 中国 朋友 一起 练习 口语。
Qiáodān: Shìde. Wǒ xiàwǔ méiyǒu kè, xīwàng néng gēn Zhōngguó péngyou yìqǐ liànxí kǒuyǔ.

李 伟：王 山 已经 告诉 我 了，我 下午 也 没有 课。
Lǐ Wěi: Wáng Shān yǐjīng gàosu wǒ le, wǒ xiàwǔ yě méiyǒu kè.

乔丹：那 太 好 了！我 得 赶紧 练习 口语。希望 你
Qiáodān: Nà tài hǎo le! Wǒ děi gǎnjǐn liànxí kǒuyǔ. Xīwàng nǐ

能 帮助 我。
néng bāngzhù wǒ.

李 伟： 我们 互相 学习 吧。我 教 你 汉语，你 教 我 英语。
Lǐ Wěi: Wǒmen hùxiāng xuéxí ba. Wǒ jiāo nǐ Hànyǔ, nǐ jiāo wǒ Yīngyǔ.

乔丹： 好 啊[①]！一 个 星期 两 次，一 次 两 个 小时，可以 吗？
Qiáodān: Hǎo a! Yí ge xīngqī liǎng cì, yí cì liǎng ge xiǎoshí, kěyǐ ma?

语言贴士

李 伟： 可以。咱们 什么 时候 开始？
Lǐ Wěi: Kěyǐ. Zánmen shénme shíhou kāishǐ?

乔丹： 今天 下午 就 开始，怎么样？
Qiáodān: Jīntiān xiàwǔ jiù kāishǐ, zěnmeyàng?

李 伟： 好的。我 两 点 在 一 楼 大厅 等 你。
Lǐ Wěi: Hǎode. Wǒ liǎng diǎn zài yī lóu dàtīng děng nǐ.

1 根据对话内容，回答下面的问题。Answer the following questions according to the dialogue.

1. 乔丹 想 找 什么样 的 朋友？ 为 什么？
   Qiáodān xiǎng zhǎo shénmeyàng de péngyou? Wèi shénme?
2. 王 山 给 他 介绍了 谁？ 为 什么？
   Wáng Shān gěi tā jièshàole shéi? Wèi shénme?
3. 他们 一 个 星期 要 学习 几 次？ 每 次 几 个 小时？
   Tāmen yí ge xīngqī yào xuéxí jǐ cì? Měi cì jǐ ge xiǎoshí?
4. 他们 什么 时候 开始？
   Tāmen shénme shíhou kāishǐ?

2 根据对话内容填空，然后试着复述对话。Fill in the blanks according to the dialogue. Then try to retell the dialogue.

乔丹 是 留学生，他 下午 ① ________，
Qiáodān shì liúxuésheng, tā xiàwǔ ________,

想 ② ________。王 山 给 乔丹 介绍
xiǎng ________. Wáng Shān gěi Qiáodān jièshào

③ ________。李 伟 是 ④ ________
________. Lǐ Wěi shì ________

________，他 下午 ⑤ ________。他们 ⑥ ________
________, tā xiàwǔ ________. Tāmen ________

________。
________.

朗读下面的短文，然后模仿短文介绍一下你自己。Read the following short passage aloud, then use the passage as a model to introduce yourself. 01-06

大家 好！我 叫 王 山。我 是 山东（Shandong Province）人，
Dàjiā hǎo! Wǒ jiào Wáng Shān. Wǒ shì Shāndōng rén,

今年 23 岁，是 中国 文学 专业 的 研究生。我 有 很 多
jīnnián èrshísān suì, shì Zhōngguó wénxué zhuānyè de yánjiūshēng. Wǒ yǒu hěn duō

朋友，大家 一起 学习，一起 聊天儿，一起 运动，周末 还 一起 出去
péngyou, dàjiā yìqǐ xuéxí, yìqǐ liáotiānr, yìqǐ yùndòng, zhōumò hái yìqǐ chūqu

玩儿。每 天 都 很 快乐！
wánr. Měi tiān dōu hěn kuàilè!

您可以根据学生情况，适当给几个新词，鼓励学生自由发挥。

交际活动 Communication Activities

双人活动 Pair Work

1 想一想在下面这些情况下应该怎样介绍自己或别人，以及应该怎样问问题或提要求。Think about how to introduce yourself or someone else in the following situations, and how to ask questions or make requests.

Situations	Locations
① Looking for a job.	At the office of a company.
② Looking for an apartment.	In front of a Chinese person's home.
③ Introducing your family to your roommate.	In your dorm.
④ Introducing your friend to your teacher.	In front of the classroom.

2 从 1 中选择一种情境，与你的同伴对话，向他／她介绍你自己或你的家人、朋友，并向他／她询问你关心的问题。Choose one of the situations from 1, introduce yourself, your family member or your friend to your partner. Ask him/her questions that you are concerned about.

Sentence Pattern

① 自我 介绍 一下，我 叫 ……，我 是 ……
Zìwǒ jièshào yíxià, wǒ jiào ..., wǒ shì ...

② 我 来 介绍 一下，这 是 ……
Wǒ lái jièshào yíxià, zhè shì ...

小组活动 Group Activity

三人一组，按照下面的描述模拟表演。Work in groups of three. Present your act to the class according to the following situation.

A 的朋友 B 来中国旅行，他有留学的打算。A 介绍中国朋友 C 和 B 认识，然后和 C 一起为 B 安排各种活动。

A's friend B is visiting China. He wants to study in China. A introduces his Chinese friend C to B. A and C make plans for B.

1. A should introduce B to C, B and C should make self-introductions.
2. You may switch the roles and practice more.

全班活动 Full-Class Activity

老师向全班同学介绍一下这学期的活动和安排，每位同学提一个要求或建议。The teacher introduces the activities and plans for this semester. Each student should make a request or give a suggestion to the teacher.

给老师的提示 您可以先介绍一些情况，引导学生在某一个范围里提建议或要求。

Want to know if there is any travel plan this semester.

老师，我 想 知道 这个 学期 我们 有 没有 旅游？
Lǎoshī, wǒ xiǎng zhīdào zhège xuéqī wǒmen yǒu méiyǒu lǚyóu?

请问，我们 这个 学期 有 没有 旅游？
Qǐngwèn, wǒmen zhège xuéqī yǒu méiyǒu lǚyóu?

课堂内外 Inside and Outside the Classroom

课后讨论和策划一个班级活动，让大家联络感情。Talk about and design an activity after class for the students to get to know each other.

1. 想一想你希望举办什么样的活动？Think about what kind of activity do you wish to have?
2. 和同伴一起策划一个有意思的活动。Design an interesting activity with your partner.

   Talk about where and how it takes place, and what stuff you need to prepare. 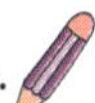

3. 下次上课时向全班同学介绍你们的活动计划，然后回答其他同学的提问。Each group presents your plan on the next class, and answer other classmates' questions.

Sentence Pattern

1. 我 来 介绍 一下 ……
   Wǒ lái jièshào yíxià ...
2. 我 想 知道 ……
   Wǒ xiǎng zhīdào ...
3. 我 可以 问 你 一 个 问题 吗？
   Wǒ kěyǐ wèn nǐ yí ge wèntí ma?

给老师的提示 您可以让大家都认为做得较好的小组来组织这次活动。

复习与总结
Review and Sum-Up

1. 在这一课你学会了什么？试着写出你记住的词语。What did you learn in this lesson? Try to write down the words you remember.

You can also write in *Pinyin*. 

2. 替换。Substitute.

① 我 是 学校 的 研究生，来 [帮忙 / 找 老师 / 请假] 的。
Wǒ shì xuéxiào de yánjiūshēng, lái [bāngmáng / zhǎo lǎoshī / qǐngjià] de.

② 听说 [你 / 大卫 / 你 朋友] 想 找 一个 中国 朋友 一起 [学习 / 去 旅行 / 练习 口语]。
Tīngshuō [nǐ / Dàwèi / nǐ péngyou] xiǎng zhǎo yí ge Zhōngguó péngyou yìqǐ [xuéxí / qù lǚxíng / liànxí kǒuyǔ].

③ 今天 [下午 就 开始 / 早 一点儿 去 / 六 点 出发]，怎么样？
Jīntiān [xiàwǔ jiù kāishǐ / zǎo yìdiǎnr qù / liù diǎn chūfā], zěnmeyàng?

3. 用“一下”和所给词语完成下面的对话。Use 一下 and the given words to complete the following conversations.

① A：这是新同学吗？
Zhè shì xīn tóngxué ma?
B：______。
介绍 jièshào

② A：这个句子是什么意思？
Zhège jùzi shì shénme yìsi?
B：______。
看 kàn

③ A：这个菜怎么样？
Zhège cài zěnmeyàng?
B：______。
尝 cháng

④ A：什么时候放假？
Shénme shíhou fàngjià?
B：______。
问 wèn

4. 模仿例句，完成下面的对话。Imitate the example to complete the following conversations.

例 A：你是我们的老师吗？
Nǐ shì wǒmen de lǎoshī ma?
B：不是。我是来帮忙的。
Bú shì.

① A：你是留学生吗？
Nǐ shì liúxuésheng ma?
B：不是。______。
Bú shì. ______.

② A：里面请，您想吃点儿什么？
Lǐmian qǐng, nín xiǎng chī diǎnr shénme?
B：我不是来吃饭的，______。
Wǒ bú shì lái chīfàn de, ______.

③ A：你在这里工作吗？
Nǐ zài zhèli gōngzuò ma?
B：不，______。
Bù, ______.

④ A：你怎么不进去上课？
Nǐ zěnme bú jìnqu shàngkè?
B：我今天有事不能上课，______。
Wǒ jīntiān yǒu shì bù néng shàngkè, ______.

5. 你知道一般怎样开始介绍自己和别人了吗？你学会问问题和提要求时常说的话了吗？根据下面的提示复习一下，有机会别忘了试一试。Do you know how to introduce yourself or someone else now? Have you grasped how to ask questions and make requests? Use the following hints to review. Don't forget to try them out.

Introduce yourself to someone you first meet

Introduce your friends or teachers to others

Ask the teacher questions

Ask a stranger questions

Make requests to the teacher

Make requests to a classmate

Make requests to a stranger

第2课 太小了，有大一点儿的吗？

Tài xiǎo le, yǒu dà yìdiǎnr de ma?

This is too small, is there a bigger one?

目标 Objectives

1. 复习购物和讲价时的常用语句。Review the common expressions for shopping and bargaining.
2. 学会谈论和询问商品的颜色和样式。Learn to talk and ask about the color and style of items.
3. 学会购买服装或其他商品时提出要求。Learn to make requests when purchasing clothes or other items.

准备 Preparation

1 二—三人一组，先看看下面图中的水果和价钱，然后去别的组购买你们没有的水果，最后看看哪个组买到的水果种类最多。Work in groups of two or three. Look at the fruits and the prices in the following pictures, go to other groups to purchase fruits that you don't have, and see which group get most kinds of fruits.

给老师的提示

您需要提前做以下准备：

1. 给每组发28.8元人民币代币。
2. 为每一组准备两种水果卡片，卡片上需标明斤数。每组的卡片要有所不同。

大 苹果
dà píngguǒ
5元／斤

小 苹果
xiǎo píngguǒ
3元／斤

大 葡萄
dà pútao
2元／斤

小 葡萄
xiǎo pútao
5元／3斤

香蕉
xiāngjiāo
2.5元／斤

梨
lí
5元／3斤

橘子
júzi
5 元／4 斤

西瓜
xīguā
2.4 元／斤

给老师的提示

您可以利用二维码链接中的句子提醒学生注意买东西和讲价时应该怎么说。

2 你能说出上面图片中各种水果的颜色吗？和同伴一起试着说一说。Can you name the colors of all the fruits in the pictures above? Try to say them with your partner.

Word Bank

红 hóng red	黄 huáng yellow	绿 lǜ green

The color words in the word bank can help you.

词语 Vocabulary 02-01

袜子 wàzi sock	运动鞋 yùndòngxié sneaker	T恤衫 T xù shān T-shirt	衬衣 chènyī shirt	帽子 màozi hat	裤子 kùzi pants	牛仔裤 niúzǎikù jeans
深 shēn dark	深色 shēnsè dark color	浅色 qiǎnsè light color	白色 báisè white	蓝色 lánsè blue	长袖 chángxiù long sleeve	短袖 duǎnxiù short sleeve
试衣间 shìyījiān fitting room	小号 xiǎohào small size	中号 zhōnghào medium size	大号 dàhào large size			
容易 róngyi easy	价钱 jiàqián price					

看图片，选择合适的词语回答下面的问题。Look at the picture, then choose the appropriate words to answer the following questions.

1. 这个 人 穿着 什么 衣服 和 裤子？
   Zhège rén chuānzhe shénme yīfu hé kùzi?
2. 他 穿 的 是 什么 袜子 和 鞋？
   Tā chuān de shì shénme wàzi hé xié?
3. 他们 穿 的 衣服 是 长袖 的 吗？
   Tāmen chuān de yīfu shì chángxiù de ma?

句子 Sentences

1 听录音，填词语，然后朗读句子。Listen to the recording and fill in the blanks. Then read the sentences aloud. 02-02

1. 你 想 买 什么 ________ 的？
   Nǐ xiǎng mǎi shénme ________ de?
2. 请问 这 种 ________ 卖？
   Qǐngwèn zhè zhǒng ________ mài?
3. 我 还 想 看看 ________ 和 ________。
   Wǒ hái xiǎng kànkan ________ hé ________.
4. 我 想 看看 那 件 ________ 的 T 恤 衫。
   Wǒ xiǎng kànkan nà jiàn ________ de T xù shān.
5. 要 长袖 的 还是 ________ 的？
   Yào chángxiù de háishì ________ de?
6. 可以 ________ 吗？
   Kěyǐ ________ ma?
7. 你 穿 多 大 ________ 的？
   Nǐ chuān duō dà ________ de?
8. 太 小 了，有 大 ________ 的 吗？
   Tài xiǎo le, yǒu dà ________ de ma?
9. 太 ________ 了，我 想 换 一 条 长 一点儿 的。
   Tài ________ le, wǒ xiǎng huàn yì tiáo cháng yìdiǎnr de.
10. 我 穿 这 种 ________ 不 好看。
    Wǒ chuān zhè zhǒng ________ bù hǎokàn.

2 看图片，跟同伴一起说说图片中的人可能在说什么。Look at the pictures, and discuss with your partner what the people in the pictures might be saying.

1

2

3

4

3 和同伴一起，选择合适的句子完成对话。Use the appropriate sentences to complete the conversations with your partner.

1 A: ______________________________?

B: 我想买红色的。
Wǒ xiǎng mǎi hóngsè de.

2 A: ______________________________。

B: 是这件黑色的吗？
Shì zhè jiàn hēisè de ma?

3 A: 怎么样？合适吗？
Zěnmeyàng? Héshì ma?

B: ______________________________。

4 A: ______________________________?

B: 拿一件中号的吧。
Ná yí jiàn zhōnghào de ba.

对话 1 Dialogue 1 02-03

At the wholesale market.

王　山：乔丹，你看，那边有袜子。
Wáng Shān: Qiáodān, nǐ kàn, nàbian yǒu wàzi.

乔丹：我正好要买袜子，咱们过去看看①。
Qiáodān: Wǒ zhènghǎo yào mǎi wàzi, zánmen guòqu kànkan.

王　山：这么多样子！你想买什么颜色的②？
Wáng Shān: Zhème duō yàngzi! Nǐ xiǎng mǎi shénme yánsè de?

乔丹：我喜欢白色的。
Qiáodān: Wǒ xǐhuan báisè de.

王　山：白的很好看，可是容易脏，脏了以后不好③洗。
Wáng Shān: Bái de hěn hǎokàn, kěshì róngyì zāng, zāngle yǐhòu bù hǎo xǐ.

乔丹：我觉得深色的袜子穿运动鞋不好看。
Qiáodān: Wǒ juéde shēnsè de wàzi chuān yùndòngxié bù hǎokàn.

王　山：那倒是。请问这种怎么卖？
Wáng Shān: Nà dàoshì. Qǐngwèn zhè zhǒng zěnme mài?

摊主：10 块钱 3 双。
Tānzhǔ: Shí kuài qián sān shuāng.

乔丹：我觉得这种不错，要 6 双。
Qiáodān: Wǒ juéde zhè zhǒng búcuò, yào liù shuāng.

摊主：好。要什么颜色的？
Tānzhǔ: Hǎo. Yào shénme yánsè de?

乔丹：都要白色的。
Qiáodān: Dōu yào báisè de.

摊主：好的。给你袜子。
Tānzhǔ: Hǎode. Gěi nǐ wàzi.

乔丹：给 你 钱。
Qiáodān: Gěi nǐ qián.

王　山：去 那边 看看 吧④？
Wáng Shān: Qù nàbian kànkan ba?

乔丹：好的。我 还 想 看看 衬衣 和 帽子。
Qiáodān: Hǎode. Wǒ hái xiǎng kànkan chènyī hé màozi.

根据对话内容，回答下面的问题。Answer the following questions according to the dialogue.

1. 乔丹 想 买 什么？他 喜欢 什么 颜色 的？
   Qiáodān xiǎng mǎi shénme? Tā xǐhuan shénme yánsè de?
2. 王 山 觉得 白色 的 好 吗？ 为 什么？
   Wáng Shān juéde báisè de hǎo ma? Wèi shénme?
3. 乔丹 买了 什么 颜色 的？ 为 什么？
   Qiáodān mǎile shénme yánsè de? Wèi shénme?
4. 乔丹 买了 多少？ 为 什么？
   Qiáodān mǎile duōshao? Wèi shénme?

扫描二维码，跟同伴一起说一说。Scan the QR code, and talk about the questions with your partner.

对话 2 Dialogue 2 02-04

At the department store.

莎莎：你好，我想看看那件蓝色的T恤衫。
Shāshā: Nǐ hǎo, wǒ xiǎng kànkan nà jiàn lánsè de T xù shān.

售货员：要长袖的还是短袖的？
Shòuhuòyuán: Yào chángxiù de háishì duǎnxiù de?

莎莎：长袖的。可以试试吗？
Shāshā: Chángxiù de. Kěyǐ shìshi ma?

售货员：可以。你穿多大号的？
Shòuhuòyuán: Kěyǐ. Nǐ chuān duō dà hào de?

莎莎：中号吧，小号的不行。
Shāshā: Zhōnghào ba, xiǎohào de bùxíng.

售货员：好的。试衣间在这边。
Shòuhuòyuán: Hǎode. Shìyījiān zài zhèbian.

莎莎：太小了，有大一点儿的吗？
Shāshā: Tài xiǎo le, yǒu dà yìdiǎnr de ma?

售货员：有，你试试大号的吧。
Shòuhuòyuán: Yǒu, nǐ shìshi dàhào de ba.

莎莎：这件很合适。就是价钱有点儿贵。
Shāshā: Zhè jiàn hěn héshì. Jiù shì jiàqián yǒu diǎnr guì.

售货员：两件打八折。
Shòuhuòyuán: Liǎng jiàn dǎ bā zhé.

莎莎：那来一件蓝色的、一件白色的吧。
Shāshā: Nà lái yí jiàn lánsè de, yí jiàn báisè de ba.

1 根据对话内容，选择合适的句子跟同伴说话。Choose the appropriate sentences according to the dialogue, and talk with your partner.

How to ask?	How to answer?
①	可以。 Kěyǐ.
② 你穿多大号的？ Nǐ chuān duō dà hào de?	
③	有，您试试大号的吧。 Yǒu, nín shìshi dàhào de ba.
④ 合适吗？ Héshì ma?	

2 根据对话内容，回答下列问题。Answer the following questions according to the dialogue.

① 莎莎 想 买 什么？
Shāshā xiǎng mǎi shénme?

② 她 喜欢 什么 颜色 的？
Tā xǐhuan shénme yánsè de?

③ 她 要 买 什么 样子 的？
Tā yào mǎi shénme yàngzi de?

④ 她 穿 中号 的 合适 吗？
Tā chuān zhōnghào de héshì ma?

对话 3 Dialogue 3 02-05

At the street clothing shop.

马修： 老板，这 是 我 昨天 买 的 裤子。
Mǎxiū: Lǎobǎn, zhè shì wǒ zuótiān mǎi de kùzi.

摊主： 怎么 了？ 有 问题 吗？
Tānzhǔ: Zěnme le? Yǒu wèntí ma?

马修： 太短了，我想换一条长一点儿的。
Mǎxiū： Tài duǎn le, wǒ xiǎng huàn yì tiáo cháng yìdiǎnr de.

摊主： 很抱歉，这种样子的没有更长的了。
Tānzhǔ： Hěn bàoqiàn, zhè zhǒng yàngzi de méiyǒu gèng cháng de le.

马修： 哪一种有长的？
Mǎxiū： Nǎ yì zhǒng yǒu cháng de?

摊主： 那种牛仔裤有。
Tānzhǔ： Nà zhǒng niúzǎikù yǒu.

马修： 可是那种样子不适合我。
Mǎxiū： Kěshì nà zhǒng yàngzi bú shìhé wǒ.

摊主： 你看看这种喜欢吗？
Tānzhǔ： Nǐ kànkan zhè zhǒng xǐhuan ma?

马修： 这种还可以①，可是颜色太深了。
Mǎxiū： Zhè zhǒng hái kěyǐ, kěshì yánsè tài shēn le.

摊主： 也有浅色的，你可以试试。
Tānzhǔ： Yě yǒu qiǎnsè de, nǐ kěyǐ shìshi.

马修： 好吧，我试试。
Mǎxiū： Hǎo ba, wǒ shìshi.

After a try-on.

马修： 我穿这种样子不好看。谢谢！我去看看别的。
Mǎxiū： Wǒ chuān zhè zhǒng yàngzi bù hǎokàn. Xièxie! Wǒ qù kànkan bié de.

1 根据对话内容，回答下列问题。Answer the following questions according to the dialogue.

1. 马修 昨天 买了 什么？
   Mǎxiū zuótiān mǎile shénme?

2. 今天 马修 为 什么 又 来 了？
   Jīntiān Mǎxiū wèi shénme yòu lái le?

3. 马修 的 问题 解决（solve）了 吗？ 为 什么？
   Mǎxiū de wèntí jiějué le ma? Wèi shénme?

4. 马修 喜欢 深色 的 还是 浅色 的？
   Mǎxiū xǐhuan shēnsè de háishì qiǎnsè de?

2 根据对话内容填空，然后试着复述对话。Fill in the blanks according to the dialogue. Then try to retell the dialogue.

昨天 马修 ① ______，但是 ② ______，他 想 ③ ______。今天 ④ ______，摊主 告诉 他 ⑤ ______，⑥ ______，可是 马修 不 喜欢 ⑦ ______。摊主 又 拿 出 浅色 的，马修 ⑧ ______，⑨ ______。

Zuótiān Mǎxiū ______, dànshì ______, tā xiǎng ______. Jīntiān ______, tānzhǔ gàosu tā ______, ______, kěshì Mǎxiū bù xǐhuan ______. Tānzhǔ yòu ná chū qiǎnsè de, Mǎxiū ______, ______.

朗读下面的短文，然后模仿短文说说你的喜好。Read the following short passage aloud, then use the passage as a model to talk about your preferences. 02-06

我 特别 喜欢 白色。我 觉得 自己 穿 白色 的 衣服 最 好看。我 哥 喜欢 红色，他 穿着 红色 的 T 恤 衫 和 蓝色 的 牛仔裤，看起来
Wǒ tèbié xǐhuan báisè. Wǒ juéde zìjǐ chuān báisè de yīfu zuì hǎokàn. Wǒ gē xǐhuan hóngsè, tā chuānzhe hóngsè de T xù shān hé lánsè de niúzǎikù, kànqǐlai

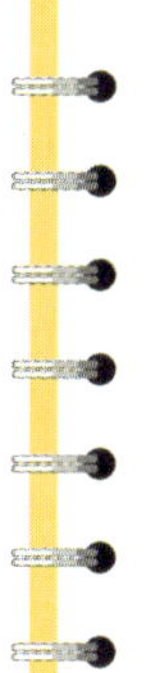

真的很帅。今年我过生日的时候，他送给我一件红色的衬衣，让我把它和牛仔裤一起穿。可是我觉得红色真的不太适合我。我还是穿白色最好看。你喜欢什么颜色？
zhēn de hěn shuài. Jīnnián wǒ guò shēngrì de shíhou, tā sònggěi wǒ yí jiàn hóngsè de chènyī, ràng wǒ bǎ tā hé niúzǎikù yìqǐ chuān. Kěshì wǒ juéde hóngsè zhēn de bú tài shìhé wǒ. Wǒ háishì chuān báisè zuì hǎokàn. Nǐ xǐhuan shénme yánsè?

交际活动 Communication Activities

双人活动 Pair Work

你知道图片上的这些衣物用汉语怎么说吗？和你的同伴一起看图学词语。Do you know how to say the following clothing items in Chinese? Look at the pictures and learn the words with your partner.

1

西服
xīfú
suit

2

领带
lǐngdài
tie

3

裙子
qúnzi

4

毛衣
máoyī
sweater

5

衬衫
chènshān

6

运动衣
yùndòngyī
sweatshirt

7

帽子
màozi

8

拖鞋
tuōxié

9

皮鞋
píxié
leather shoes

10

羽绒服
yǔróngfú
down jacket

小组活动 Group Activity

三人一组，观察一下今天同学们都穿了什么衣服，是什么颜色的，你最喜欢哪些。利用下面的表格记录一下，看看你会说多少。Work in groups of three. Observe what clothes are your classmates wearing, what are the colors, and what are your favorite pieces. Use the following table to record and see how many of them you can describe in Chinese.

You may ask your classmates or the teacher if you don't know how to say a certain color. 

Name	What is he/she wearing?	What color is it?

全班活动 Full-Class Activity

1 选出三个买衣服时你认为最需要注意的问题，并按照重要程度排列。Think of three important points people should pay attention to when purchasing clothes, then list them by importance.

If there is a feature not included in the word bank, feel free to add it. 

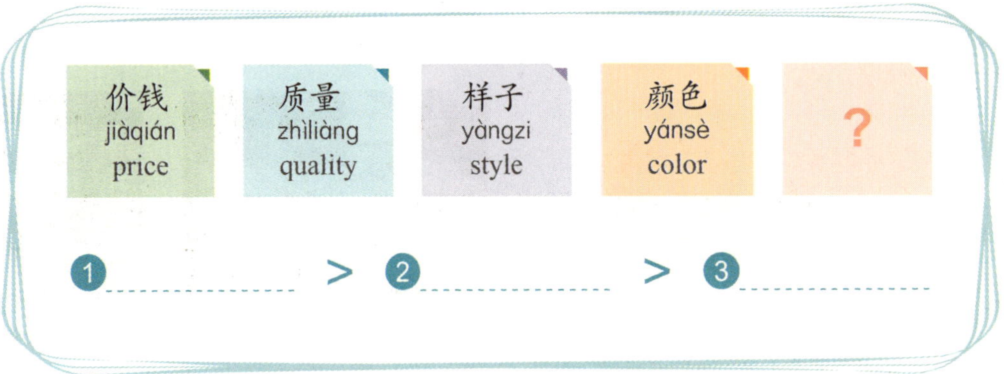

2 三人一组，交换一下看法，然后选一个人向全班同学介绍你们小组的看法。Work in groups of three. Exchange your opinions with your partners, and pick one representative to tell the class your conclusion.

给老师的提示　这一题可能需要学生做一些准备，所以您也可以布置给学生课下准备，下一次上课时再做。

课堂内外 Inside and Outside the Classroom

先想一想你最近有没有需要买的衣服，你喜欢什么颜色、什么样子的，确定一种你感兴趣的。课后去附近的商场看一看，问一问，还可以试穿一下。下次上课时和大家分享一下你的感受。Think about if there are any clothes you need to buy lately. What colors and styles do you like? Narrow down to certain clothes you are interested in. Go to the nearby shopping mall after class to take a look, ask about the styles, and try them on. Share your feelings with the class next time.

You don't have to buy the clothes after you try them on. 

游戏：服装拍卖会 Game: Clothes Auction

每人事先准备一张衣服的图片，在拍卖会上进行介绍和拍卖。看谁的衣服成交价最高。
Each person prepares a picture of a piece of clothes, introduce and sell it at the auction. See whose clothes gets the highest bid.

在老师那儿领你的“钱”，并抽取你今天的拍卖顺序。
Pick up your “money” from the teacher, and draw lots to decide on the orders of the auction.

你可以花的钱包括你领到的“钱”和你的服装最后拍到的“钱”。
The “money” you can spend includes the amount you get from the teacher and the amount you get from your sale.

每一件衣服的起价都是 10 元。
The starting bid for all items is 10 *yuan*.

You can't tell others how much you get from the teacher. 

1. 您给每个学生的纸条上应该写上钱数和顺序号，钱数应该不同。
2. 学生准备服装图片可能有困难，您可以事先准备一些，供学生挑选。

复习与总结
Review and Sum-Up

1. 在这一课你学会了什么？试着写出你记住的词语。What did you learn in this lesson? Try to write down the words you remember.

You can also write in *Pinyin*. 

2. 替换。Substitute.

① 你 想 买 什么 颜色 / 样子 / 价钱 的？
Nǐ xiǎng mǎi shénme yánsè / yàngzi / jiàqián de?

你 想 买 什么	颜色	的？
Nǐ xiǎng mǎi shénme	yánsè	de?
	样子 yàngzi	
	价钱 jiàqián	

② 我 想 看看 那 件 蓝色 的 T恤衫。

我 想 看看 那	件	蓝色	的	T恤衫	。
Wǒ xiǎng kànkan nà	jiàn	lánsè	de	T xù shān	.
	条 tiáo	红色 hóngsè		裤子 kùzi	
	双 shuāng	白色 báisè		鞋子 xiézi	

③ 要 长袖 的还是 短袖 的？

要	长袖	的还是	短袖	的？
Yào	chángxiù	de háishì	duǎnxiù	de?
	深色 shēnsè		浅色 qiǎnsè	
	大 dà		小 xiǎo	

④ 太 Tài

小 xiǎo
短 duǎn
肥（fat）féi

了，有 le, yǒu

大 dà
长 cháng
瘦（skinny）shòu

一点儿 的 吗？ yìdiǎnr de ma?

⑤ 我 Wǒ

穿 chuān
穿 chuān
拿 ná

这 种 zhè zhǒng

样子 yàngzi
颜色 yánsè
手机 shǒujī

不 好看。 bù hǎokàn.

3. 用指定句式完成下面的对话。Use the assigned patterns to complete the following conversations.

1 …… 还是 …… ... háishì ...

① A: ________________?

B: 我 还是 买 苹果 吧。
Wǒ háishì mǎi píngguǒ ba.

② A: ________________?

B: 我 想 看看 帽子。
Wǒ xiǎng kànkan màozi.

③ A: ________________?

B: 要 大 的 吧。
Yào dà de ba.

2 太 …… 了 tài ... le

① A: 今天 热 吗？
Jīntiān rè ma?

B: ________________。

② A: 那个 房间 怎么样？
Nàge fángjiān zěnmeyàng?

B：______________________________。

3 A：中国 的 水果 贵吗？
Zhōngguó de shuǐguǒ guì ma?

B：______________________________。

4 A：中国菜 好吃 吗？
Zhōngguócài hǎochī ma?

B：______________________________。

5. 你知道买衣服时遇到不同的情况应该说什么了吗？你学会在买衣服时怎么提要求了吗？根据下面的提示复习一下，然后和你的同伴讨论讨论。Do you know what to say when running into different situations while buying clothes? Have you grasped how to make requests when buying clothes? Use the following hints to review, then discuss with your partner.

Asking about the colors

Asking about the styles

Asking about the sizes

When you want to try on

When you want to purchase

When you don't want to purchase

第3课 太咸了！

Tài xián le!

It's too salty!

目标 Objectives

1. 复习常见的菜、主食、饮料名。Review the common names for dishes, staple food and beverages.
2. 复习在饭馆吃饭时的常用语句。Review the common expressions for dining in restaurant.
3. 学会了解和评价菜品的原料及味道。Learn to ask about and comment on the ingredients and taste of dishes.
4. 学会询问和谈论个人的饮食习惯。Learn to ask and talk about personal eating habits.

准备 Preparation

1 想一想你知道哪些中国菜，介绍给你的同伴。Think about Chinese dishes you know and introduce them to your partner.

	Dishes	Ingredients	Tastes
1			
2			
3			

2 学校附近有你喜欢的饭馆吗？你喜欢那儿的什么菜？Is there any of your favorite restaurant around the campus? What's your favorite dish of that restaurant?

3 你吃过饺子吗？你觉得饺子是菜还是主食？为什么？Have you eaten dumplings before? Do you consider it as a dish or staple food? Why?

词语 Vocabulary 03-01

做饭	饿	胖
zuòfàn	è	pàng
to cook	hungry	fat

味精	酱	凉拌	红烧	糖醋	清炒
wèijīng	jiàng	liángbàn	hóngshāo	tángcù	qīngchǎo
MSG	sauce	to dress cold vegetables with sauce	to braise	sweet and sour	to stir-fry

蔬菜	黄瓜	菜心	豆腐	排骨	肉	泡菜	汤
shūcài	huánggua	càixīn	dòufu	páigǔ	ròu	pàocài	tāng
vegetable	cucumber	Chinese flowering cabbage	tofu	pork ribs	meat	pickled vegetables	soup

壶	份
hú	fèn
measure word, a pot of	*measure word*, a serving of

有名	敢	完全	（习）惯
yǒumíng	gǎn	wánquán	(xí) guàn
famous	dare	complete	to be used to

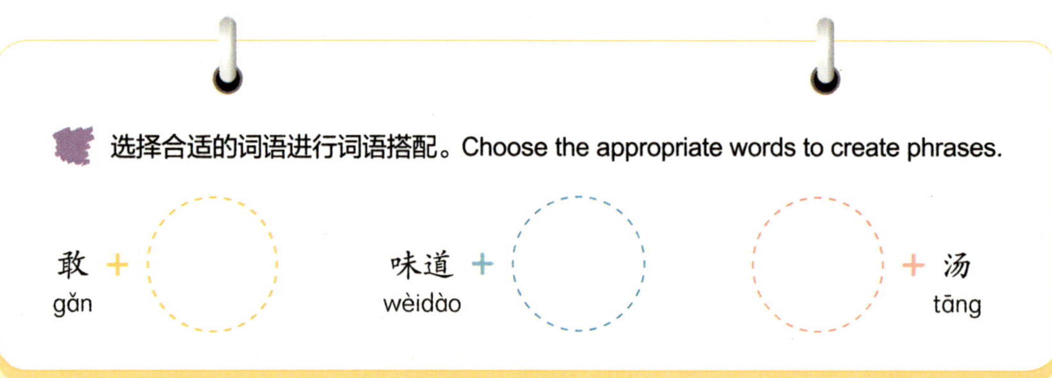

和同伴说一说你喜欢什么味道的菜，你觉得下面的菜可能是什么味道的？Talk about what flavors do you like, what do you think the following dishes taste like?

1 
2 
3 
4 
5 
6 

句子 Sentences

1 听录音，填词语，然后朗读句子。Listen to the recording and fill in the blanks. Then read the sentences aloud. 03-02

1. 请先来一 ________ 茶吧。
   Qǐng xiān lái yì ________ chá ba.
2. 你们先看看 ________。
   Nǐmen xiān kànkan ________.
3. 再来 ________ 红烧鱼吧！
   Zài lái ________ hóngshāo yú ba!
4. 请不要放 ________！
   Qǐng búyào fàng ________!
5. 别的都不错，就是汤太 ________ 了。
   Bié de dōu búcuò, jiù shì tāng tài ________ le.
6. 你喜欢什么 ________ 的菜？
   Nǐ xǐhuan shénme ________ de cài?
7. 我吃不了 ________ 的，喜欢吃 ________ 的。
   Wǒ chī bu liǎo ________ de, xǐhuan chī ________ de.
8. 这个菜是 ________ 什么做的？
   Zhège cài shì ________ shénme zuò de?

9 韩国人 喜欢 ________ 甜 又 ________ 辣 的。
Hánguórén xǐhuan tián yòu là de.

10 你 吃 得 ________ 四川 泡菜 吗？
Nǐ chī de Sìchuān pàocài ma?

2 看图片，跟同伴一起说说图片中的人可能在说什么。Look at the pictures, and discuss with your partner what the people in the pictures might be saying.

You can pick the sentences above.

1

2

3

4

3 和同伴一起，选择合适的句子完成对话。Use the appropriate sentences to complete the conversations with your partner.

1 A：你们 还 吃 点儿 什么？ B：________。
Nǐmen hái chī diǎnr shénme?

2 A：很 多 中国菜 都 是 辣 的。 B：________。
Hěn duō Zhōngguócài dōu shì là de.

3 A：你们 喝 点儿 什么？ B：________。
Nǐmen hē diǎnr shénme?

4 A：________？ B：我 不 喜欢 酸 的。
Wǒ bù xǐhuan suān de.

对话 1 Dialogue 1 03-03

At the restaurant.

服务员：您 几 位？
Fúwùyuán: Nín jǐ wèi?

马修：四 位。
Mǎxiū: Sì wèi.

服务员：这边 请。现在 点菜 吗？
Fúwùyuán: Zhèbian qǐng. Xiànzài diǎncài ma?

莎莎：请 先 来 一 壶 茶 吧。
Shāshā: Qǐng xiān lái yì hú chá ba.

服务员：好的。你们 先 看看 菜单。
Fúwùyuán: Hǎode. Nǐmen xiān kànkan càidān.

马修：都 饿了 吧？今天 想 吃 什么？
Mǎxiū: Dōu èle ba? Jīntiān xiǎng chī shénme?

山下：先 来 两 瓶 啤酒，一 个 凉拌 黄瓜 怎么样？
Shānxià: Xiān lái liǎng píng píjiǔ, yí ge liángbàn huánggua zěnmeyàng?

莎莎：再 来 一 条 红烧 鱼 吧！
Shāshā: Zài lái yì tiáo hóngshāo yú ba!

春香：我 想 吃 糖醋 排骨。我 还 没 吃过 呢。
Chūnxiāng: Wǒ xiǎng chī tángcù páigǔ. Wǒ hái méi chīguo ne.

山下：我 也 喜欢 甜 的。那 就 来 一 份 糖醋 排骨 吧。
Shānxià: Wǒ yě xǐhuan tián de. Nà jiù lái yí fèn tángcù páigǔ ba.

马修：好的，蔬菜 就 点 清炒 菜心 怎么样？
Mǎxiū: Hǎode, shūcài jiù diǎn qīngchǎo càixīn zěnmeyàng?

春香：可以。再来四碗米饭。
Chūnxiāng: Kěyǐ. Zài lái sì wǎn mǐfàn.

莎莎：我今天不吃主食了。来三碗吧。
Shāshā: Wǒ jīntiān bù chī zhǔshí le. Lái sān wǎn ba.

服务员：好的。还要别的吗？
Fúwùyuán: Hǎode. Hái yào bié de ma?

春香：不要了。请不要放味精！
Chūnxiāng: Bú yào le. Qǐng búyào fàng wèijīng!

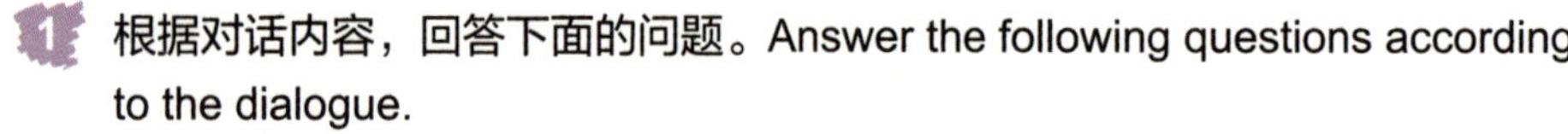

1 根据对话内容，回答下面的问题。Answer the following questions according to the dialogue.

1. 他们几个人一起来饭馆吃饭？
   Tāmen jǐ ge rén yìqǐ lái fànguǎn chīfàn?
2. 他们点菜以前提了什么要求？
   Tāmen diǎncài yǐqián tíle shénme yāoqiú?
3. 他们点了什么凉菜（cold dish）、什么热菜（hot dish）？
   Tāmen diǎnle shénme liángcài, shénme rècài?
4. 他们点了什么喝的？
   Tāmen diǎnle shénme hē de?
5. 他们点了什么主食？
   Tāmen diǎnle shénme zhǔshí?
6. 最后他们提了什么要求？
   Zuìhòu tāmen tíle shénme yāoqiú?

2 根据对话内容复述对话。Retell the dialogue according to the dialogue.

有一天，马修、山下、春香和莎莎四个人一起
Yǒu yì tiān, Mǎxiū, Shānxià, Chūnxiāng hé Shāshā sì ge rén yìqǐ

来到一家饭馆。
láidào yì jiā fànguǎn.

对话 2 Dialogue 2 03-04

At the restaurant.

莎莎：李红，你觉得今天的菜怎么样？
Shāshā: Lǐ Hóng, nǐ juéde jīntiān de cài zěnmeyàng?

李红：我觉得味道还可以。你觉得呢？
Lǐ Hóng: Wǒ juéde wèidào hái kěyǐ. Nǐ juéde ne?

莎莎：别的都不错，就是① 汤太咸了。
Shāshā: Bié de dōu búcuò, jiùshì tāng tài xián le.

李红：是吗？我不爱喝汤，所以一口也没喝。
Lǐ Hóng: Shì ma? Wǒ bú ài hē tāng, suǒyǐ yì kǒu yě méi hē.

莎莎：为什么？
Shāshā: Wèi shénme?

李红：不知道，从小就不爱喝。
Lǐ Hóng: Bù zhīdào, cóng xiǎo jiù bú ài hē.

语言贴士

莎莎：那你喜欢什么味道的菜？
Shāshā: Nà nǐ xǐhuan shénme wèidào de cài?

李红：我喜欢酸的、辣的。
Lǐ Hóng: Wǒ xǐhuan suān de, là de.

莎莎：我觉得很多中国人都爱吃辣的。
Shāshā: Wǒ juéde hěn duō Zhōngguórén dōu ài chī là de.

李红：对。中国很多地方的人都喜欢吃辣的。
Lǐ Hóng: Duì. Zhōngguó hěn duō dìfang de rén dōu xǐhuan chī là de.

莎莎：我吃不了②辣的，喜欢吃甜的，不过现在不敢吃了。
Shāshā: Wǒ chī bu liǎo là de, xǐhuan chī tián de, búguò xiànzài bù gǎn chī le.

李红：少吃一点儿，不会胖④。
Lǐ Hóng: Shǎo chī yìdiǎnr, bú huì pàng.

1 根据对话内容，回答下面的问题。Answer the following questions according to the dialogue.

1. 李 红 觉得 今天 的 菜 怎么样？
   Lǐ Hóng juéde jīntiān de cài zěnmeyàng?
2. 莎莎 觉得 有 什么 问题？
   Shāshā juéde yǒu shénme wèntí?
3. 李 红 喝 汤 了 吗？ 为 什么？
   Lǐ Hóng hē tāng le ma? Wèi shénme?
4. 李 红 喜欢 什么样 的 菜？
   Lǐ Hóng xǐhuan shénmeyàng de cài?
5. 莎莎 能 吃 辣 的 吗？
   Shāshā néng chī là de ma?
6. 李 红 不 喜欢 吃 甜 的 吗？
   Lǐ Hóng bù xǐhuan chī tián de ma?

2 根据对话内容填空，然后试着复述对话。Fill in the blanks according to the dialogue. Then try to retell the dialogue.

李 红 和 莎莎 ① ______，李 红 觉得
Lǐ Hóng hé Shāshā ______, Lǐ Hóng juéde
② ______，莎莎 觉得 ③ ______
______, Shāshā juéde ______
______。因为 李 红 不 爱 ④ ______，所以
______. Yīnwèi Lǐ Hóng bú ài ______, suǒyǐ
她 ⑤ ______。莎莎 问 李 红 ⑥ ______
tā ______. Shāshā wèn Lǐ Hóng ______
______，李 红 喜欢 ⑦ ______；
______, Lǐ Hóng xǐhuan ______;
莎莎 ⑧ ______，她 喜欢 ⑨ ______
Shāshā ______, tā xǐhuan ______
______，但是 现在 ⑩ ______，可是
______, dànshì xiànzài ______, kěshì
李 红 说 ⑪ ______。
Lǐ Hóng shuō ______.

You can talk about the story in your own way.

对话 3 Dialogue 3 03-05

At the street food stand.

春香：师傅，这个菜是用什么做的？
Chūnxiāng: Shīfu, zhège cài shì yòng shénme zuò de?

师傅：豆腐和肉。
Shīfu: Dòufu hé ròu.

春香：真香啊！
Chūnxiāng: Zhēn xiāng a!

师傅：我放了一点儿酱。
Shīfu: Wǒ fàngle yìdiǎnr jiàng.

春香：我很喜欢这种味道。
Chūnxiāng: Wǒ hěn xǐhuan zhè zhǒng wèidào.

师傅：你会做饭吗？
Shīfu: Nǐ huì zuòfàn ma?

春香：会一点儿。
Chūnxiāng: Huì yìdiǎnr.

师傅：韩国人喜欢什么味道的菜？
Shīfu: Hánguórén xǐhuan shénme wèidào de cài?

春香：有点儿甜又有点儿辣的。韩国泡菜就是这个味道。
Chūnxiāng: Yǒudiǎnr tián yòu yǒu diǎnr là de. Hánguó pàocài jiùshì zhège wèidào.

师傅：我女儿特别喜欢韩国泡菜。你会做吗？
Shīfu: Wǒ nǚ'ér tèbié xǐhuan Hánguó pàocài. Nǐ huì zuò ma?

春香：不会。我看妈妈做过。
Chūnxiāng: Bú huì. Wǒ kàn māma zuòguo.

师傅：中国 有名 的 四川 泡菜 是 酸辣 的。
Shīfu：Zhōngguó yǒumíng de Sìchuān pàocài shì suānlà de.

春香：我 在 饭馆 吃过，味道 完全 不 一样。
Chūnxiāng：Wǒ zài fànguǎn chīguo, wèidào wánquán bù yíyàng.

师傅：你 吃得惯① 四川 泡菜 吗？
Shīfu：Nǐ chī de guàn Sìchuān pàocài ma?

春香：还行②。
Chūnxiāng：Hái xíng.

根据对话内容，回答下面的问题。Answer the following questions according to the dialogue.

1. 春香 正在 吃 什么？她 觉得 怎么样？
   Chūnxiāng zhèngzài chī shénme? Tā juéde zěnmeyàng?
2. 韩国人 喜欢 什么 味道 的 菜？
   Hánguórén xǐhuan shénme wèidào de cài?
3. 韩国 泡菜 和 四川 泡菜 一样 吗？
   Hánguó pàocài hé Sìchuān pàocài yíyàng ma?
4. 春香 喜欢 吃 四川 泡菜 吗？
   Chūnxiāng xǐhuan chī Sìchuān pàocài ma?

扫描二维码，跟同伴一起说一说。Scan the QR code, and talk about the questions with your partner.

朗读下面的短文，然后模仿短文说说你们国家的情况。Read the following short passage aloud, then use the passage as a model to talk about your country. 03-06

中国 很大，每个地方的人吃东西的口味（taste）都不太
Zhōngguó hěn dà, měi ge dìfang de rén chī dōngxi de kǒuwèi dōu bú tài
一样，有的地方爱吃辣的，有的地方爱吃甜的。可是玛莎觉得
yíyàng, yǒude dìfang ài chī là de, yǒude dìfang ài chī tián de. Kěshì Mǎshā juéde
很多中国人都爱吃辣的。她的朋友王山和李红都
hěn duō Zhōngguórén dōu ài chī là de. Tā de péngyou Wáng Shān hé Lǐ Hóng dōu
不是四川人，但是都爱吃辣的。这是不是因为四川菜太好吃
bú shì Sìchuānrén, dànshì dōu ài chī là de. Zhè shì bu shì yīnwèi Sìchuān cài tài hǎochī
了呢？玛莎想不明白，你知道是为什么吗？
le ne? Mǎshā xiǎng bu míngbai, nǐ zhīdào shì wèi shénme ma?

交际活动 Communication Activities

双人活动 Pair Work

1 你觉得什么菜最好吃？利用下面的表格准备一下，然后推荐给你的同伴。What is your favorite dish? Prepare with the following table and recommend the dish to your partner.

What's the name of the dish?	
What are the ingredients?	
What does it taste like?	
Why do you like it?	
Do you know how to make it?	

2 记录你同伴推荐的菜，并把这道菜介绍给其他同学。Remember the dishes your partner recommend and introduce the dishes to your classmates.

小组活动 Group Activity

三人一组，每组按任务单要求准备一个请客菜单，用规定的钱数，安排出最丰富的晚餐，让客人满意。Work in groups of three. Each group prepares a menu based on the requirements. Satisfy your guests with the required amount of money.

给老师的提示

您需要事先准备好给每个小组的任务单，任务单上要规定好可以使用的钱数和客人信息。
您还可以准备一个家常菜单。

1. You should first figure out what your guests like to eat.
2. Be sure to include a cold dish, a hot dish, a staple food, and a soup.

全班活动 Full-Class Activity

三人一组，看图编故事并讨论。Work in groups of three. Tell a story based on the pictures and discuss with your partner.

You can write down the words you think of below the pictures.

1

2

3

Discuss the following questions in class.

为 什么 有的 饭馆 人 很 多？ 有的 饭馆 没 人 愿意 去？
Wèi shénme yǒude fànguǎn rén hěn duō? Yǒude fànguǎn méi rén yuànyì qù?
Why are some restaurants more popular than others?

你们 觉得 饭馆 应该 注意 什么？
Nǐmen juéde fànguǎn yīnggāi zhùyì shénme?
What do you think restaurants should be aware of?

简单 介绍 一 家 你 最 喜欢 的 饭馆。
Jiǎndān jièshào yì jiā nǐ zuì xǐhuan de fànguǎn.
Introduce your favorite restaurant to the class.

课堂内外 Inside and Outside the Classroom

课后选一个吃饭时间，去学校附近的饭馆看看哪个饭馆吃饭的人最多。问问出来的人，他们为什么喜欢这个饭馆。或者进去看看菜单，问问服务员。下次上课时向全班同学介绍一下这个饭馆。After class, walk around during mealtime, and see which restaurant has most people. Ask people why they like that restaurant, or walk in to look at the menu and ask the waiter anything you'd like to know. Introduce this restaurant to the class on the next class.

Don't forget to tell people the name and the specialties of the restaurant. 

游戏：拼菜名 Game: Dish Name Mix and Match

三人一组，比赛拼中国菜名，拼得最多的组获胜。Work in groups of three. Make up the name of Chinese dishes with the following words as many as possible. The group which makes the most Chinese dishes wins.

茄子 qiézi	土豆 tǔdòu	黄瓜 huánggua	
豆腐 dòufu	鸡蛋 jīdàn	牛肉 niúròu	鱼 yú
西红柿 xīhóngshì tomato	白菜 báicài Chinese cabbage	辣椒 làjiāo pepper	炒 chǎo to stir-fry
红烧 hóngshāo	凉拌 liángbàn	清炒 qīngchǎo	糖醋 tángcù

给老师的提示 您需要事先准备几套词语卡片，并列出拼好的菜名。

复习与总结
Review and Sum-Up

1. 在这一课你学会了什么？试着写出你记住的词语。What did you learn in this lesson? Try to write down the words you remember.

You can also write in *Pinyin*. 

2. 替换。Substitute.

① 再来一 条 红烧鱼 吧！
Zài lái yì tiáo hóngshāo yú ba!

再来一 Zài lái yì	条 tiáo	红烧鱼 hóngshāo yú	吧！ba!
	份 fèn	炒饭 chǎofàn	
	碗 wǎn	面条 miàntiáo	
	斤 jīn	饺子 jiǎozi	

② 你喜欢什么 味道 的 菜？
Nǐ xǐhuan shénme wèidào de cài?

你喜欢什么 Nǐ xǐhuan shénme	味道 wèidào	的 de	菜 cài	？
	颜色 yánsè		衣服 yīfu	
	样 yàng		颜色 yánsè	
	样 yàng		运动 yùndòng	

③ 别的都不错，就是 汤太咸了。
Bié de dōu búcuò, jiùshì tāng tài xián le.

别的都不错，就是 Bié de dōu búcuò, jiùshì	汤太咸了 tāng tài xián le	。
	菜太贵了 cài tài guì le	
	有一点儿远 yǒu yìdiǎnr yuǎn	
	有一点儿小 yǒu yìdiǎnr xiǎo	

4 这个 | 菜 cài / 汤 tāng / 饭 fàn / 东西 dōngxi | 是 用 什么 做 的？
Zhège ... shì yòng shénme zuò de?

3 模仿例句，回答下面的问题。Imitate the example to complete the following conversations.

例 A：你 能 吃 辣 的 吗？
Nǐ néng chī là de ma?

B：我吃不了辣的，喜欢吃甜的________。

1 A：五 分钟 能 从 你 宿舍 到 教室 吗？
Wǔ fēnzhōng néng cóng nǐ sùshè dào jiàoshì ma?

B：________。

2 A：明天 上午 你 能 去 参观 吗？
Míngtiān shàngwǔ nǐ néng qù cānguān ma?

B：________。

3 A：你 喝 五 瓶，我 喝 五 瓶，怎么样？
Nǐ hē wǔ píng, wǒ hē wǔ píng, zěnmeyàng?

B：________。

4 A：你 父母 能 一起 来 中国 旅行 吗？
Nǐ fùmǔ néng yìqǐ lái Zhōngguó lǚxíng ma?

B：________。

4. 你能对吃过的东西做出简单的评价了吗？下次别忘了试一试。Have you learned how to make basic comments on the food you've had? Don't forget to try it out next time.

你现在在哪儿？

Nǐ xiànzài zài nǎr?

Where are you now?

目标 Objectives

1. 复习常用的方位词语。Review the common words for directions.
2. 复习说明方位和路线的常用语句。Review the common expressions for explaining directions and routes.
3. 学会说明自己所处的具体方位。Learn to describe your specific location.
4. 学会询问和说明去某地的路线。Learn to ask and describe the route to a certain place.

准备 Preparation

1 你知道哪些表示方位的词语？把它们写在下面。Do you know any other words for directions? Write them down.

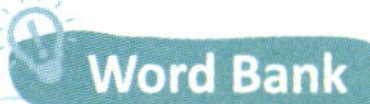

Compare with the classmate next to you. Add the words you forgot to your word bank. 

2 看图片，根据图片上标出的位置回答问题。Look at the following map, and answer the questions based on the positions indicated on the map.

例 Q：操场 在 哪儿？

Cāochǎng zài nǎr?

A：操场 在 教学楼 的 后面 。

Cāochǎng zài jiàoxuélóu de hòumian .

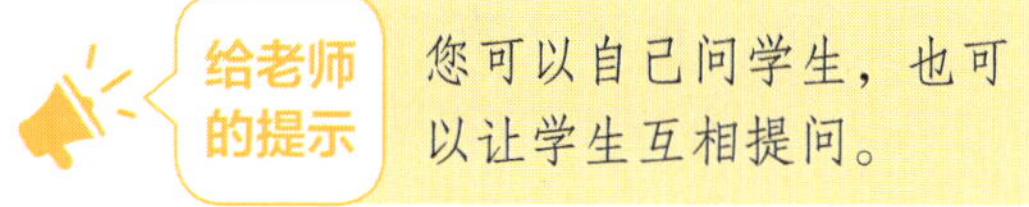

You may ask your partner the specific location of a place, or try to ask how to get to a certain place.

词语 Vocabulary 04-01

市中心	商场	菜市场	烧烤 店	地下 通道	小卖部
shìzhōngxīn	shāngchǎng	càishìchǎng	shāokǎo diàn	dìxià tōngdào	xiǎomàibù
downtown	department store	farmer's market	BBQ restaurant	underground tunnel	convenience store

位置	方向	西北	角	后面	东南（边）
wèizhi	fāngxiàng	xīběi	jiǎo	hòumian	dōngnán (bian)
location	direction	northwest	corner	behind	southeast (side)

看见	站	不见不散	步行	打听
kànjiàn	zhàn	bújiàn-búsàn	bùxíng	dǎting
to see	to stand	see you there	to walk	to ask about, to inquire about

语言	饮料	小商品
yǔyán	yǐnliào	xiǎoshāngpǐn
language	beverage	smallware

相当
xiāngdāng
quite

Proper Noun

新街口
Xīnjiēkǒu
Xinjiekou

看图片，回答下面的问题。Look at the picture and answer the following questions.

1. 他 正在 往 哪儿 走？
Tā zhèngzài wǎng nǎr zǒu?

2. 西边 有 什么？
Xībian yǒu shénme?

3. 西北边 有 什么？
Xīběibian yǒu shénme?

4. 书店 在 哪儿？
Shūdiàn zài nǎr?

5. 东边 有 什么？
Dōngbian yǒu shénme?

句子 Sentences

1 听录音，填词语，然后朗读句子。Listen to the recording and fill in the blanks. Then read the sentences aloud. 04-02

1. 对面 是 个 ________ 吧？
   Duìmiàn shì ge ________ ba?
2. 我 在 ________ 附近 卖 小商品 的 地方。
   Wǒ zài ________ fùjìn mài xiǎoshāngpǐn de dìfang.
3. 超市 那儿 有 ________ 呢！
   Chāoshì nàr yǒu ________ ne!
4. 不 远，________ 也 就 十几 分钟。
   Bù yuǎn, ________ yě jiù shíjǐ fēnzhōng.
5. 出了 西门 先 ________ 走，然后 ________ 拐。
   Chūle xīmén xiān ________ zǒu, ránhòu ________ guǎi.
6. 超市 就 在 书店 的 ________ 边。
   Chāoshì jiù zài shūdiàn de ________ bian.
7. 离 咱们 学校 ________。
   Lí zánmen xuéxiào ________.
8. 过了 ________ 还要 走 5 分钟 左右。
   Guòle ________ háiyào zǒu wǔ fēnzhōng zuǒyòu.
9. 路上 大概 ________ 多 长 时间？
   Lùshang dàgài ________ duō cháng shíjiān?
10. ________ 的 话，40 多 分钟 吧。
    ________ de huà, sìshí duō fēnzhōng ba.

2 看图片，跟同伴一起说说图片中的人可能在说什么。Look at the pictures, and discuss with your partner what the people in the pictures might be saying.

1

2

3

3 和同伴一起，选择合适的句子完成对话。Use the appropriate sentences to complete the conversations with your partner.

1 A：你在哪儿？我去找你。
Nǐ zài nǎr? Wǒ qù zhǎo nǐ.

B：______________。

2 A：哪儿有卖衣服的？
Nǎr yǒu mài yīfu de?

B：______________？

3 A：超市在哪儿？
Chāoshì zài nǎr?

B：______________。

4 A：______________？

B：二十分钟左右。
Èrshí fēnzhōng zuǒyòu.

对话 1 Dialogue 1 04-03

At the department store entrance.

莎莎：喂，李红，我已经到了，
Shāshā: Wèi, Lǐ Hóng, wǒ yǐjīng dào le,
怎么没看见你呀？
zěnme méi kànjiàn nǐ ya?

语言贴士

李红：莎莎，你现在在哪儿啊？
Lǐ Hóng: Shāshā, nǐ xiànzài zài nǎr a?

莎莎：就在市中心的大商场门口。
Shāshā: Jiù zài shìzhōngxīn de dà shāngchǎng ménkǒu.

李红：哪个门口呀？这个商场有4个门呢[1]。
Lǐ Hóng: Nǎge ménkǒu ya? Zhège shāngchǎng yǒu sì ge mén ne.

莎莎：啊？这个门的位置好像在东边，应该是东门。
Shāshā: A? Zhège mén de wèizhi hǎoxiàng zài dōngbian, yīnggāi shì dōngmén.

李红：对面是个菜市场吧？
Lǐ Hóng: Duìmiàn shì ge càishìchǎng ba?

莎莎：好像是的。
Shāshā: Hǎoxiàng shì de.

李红：这样吧，你站在那儿别动，我去找你。
Lǐ Hóng: Zhèyàng ba, nǐ zhàn zài nàr bié dòng, wǒ qù zhǎo nǐ.

莎莎：好的，我在东门附近卖小商品的地方。
Shāshā: Hǎode, wǒ zài dōngmén fùjìn mài xiǎoshāngpǐn de dìfang.

李红：我正好要买礼物呢。你就在那儿等着我。
Lǐ Hóng: Wǒ zhènghǎo yào mǎi lǐwù ne. Nǐ jiù zài nàr děngzhe wǒ.

莎莎：好的。后面有个小卖部，我去买两瓶饮料。
Shāshā: Hǎode. Hòumian yǒu ge xiǎomàibù, wǒ qù mǎi liǎng píng yǐnliào.

李红：行。我们不见不散。
Lǐ Hóng: Xíng. Wǒmen bújiàn-búsàn.

根据对话内容，回答下列问题。Answer the following questions according to the dialogue.

1. 他们俩要在哪儿见面？
   Tāmen liǎ yào zài nǎr jiànmiàn?
2. 为什么没见到呢？
   Wèi shénme méi jiàndào ne?

3. 莎莎 应该 怎么 说 自己在哪儿？
Shāshā yīnggāi zěnme shuō zìjǐ zài nǎr?

4. 李 红 现在 在 哪儿？
Lǐ Hóng xiànzài zài nǎr?

5. 李 红 去 哪儿 找 莎莎？
Lǐ Hóng qù nǎr zhǎo Shāshā?

扫描二维码，跟同伴一起说一说。Scan the QR code, and talk about the questions with your partner.

对话 2 Dialogue 2 04-04

At the campus.

山下：王 山，附近 有 没有 卖 手机 的 地方？
Shānxià: Wáng Shān, fùjìn yǒu méiyǒu mài shǒujī de dìfang?

王 山：有 啊，超市 那儿 有 好① 几 家 呢。
Wáng Shān: Yǒu a, chāoshì nàr yǒu hǎo jǐ jiā ne.

山下：离 这儿 远 吗？
Shānxià: Lí zhèr yuǎn ma?

语言贴士

王 山：不 远，步行 也 就② 十 几 分钟。
Wáng Shān: Bù yuǎn, bùxíng yě jiù shí jǐ fēnzhōng.

山下：怎么 走？
Shānxià: Zěnme zǒu?

王 山：出了 西门 先 往 东 走，然后 往 南 拐，
Wáng Shān: Chūle xīmén xiān wǎng dōng zǒu, ránhòu wǎng nán guǎi,

在 学校 的 东南边。
zài xuéxiào de dōngnánbian.

山下：那儿 不 是 一 家 饭馆儿 吗？
Shānxià: Nàr bú shì yì jiā fànguǎnr ma?

王　山：对。过了 饭馆 就 能 看见 超市。
Wáng Shān: Duì. Guòle fànguǎn jiù néng kànjiàn chāoshì.

山下：我 想起来[3] 了，那儿 有 个 烧烤 店，我 去过。旁边 有 家 书店。
Shānxià: Wǒ xiǎngqǐlai le, nàr yǒu ge shāokǎo diàn, wǒ qùguo. Pángbiān yǒu jiā shūdiàn.

王　山：超市 就 在 书店 的 旁边。
Wáng Shān: Chāoshì jiù zài shūdiàn de pángbiān.

山下：卖 手机 的 在 超市 里面 吗？
Shānxià: Mài shǒujī de zài chāoshì lǐmian ma?

王　山：对 啊，超市 的 西北 角 和 东南 角 都 有。
Wáng Shān: Duì a, chāoshì de xīběi jiǎo hé dōngnán jiǎo dōu yǒu.

山下：谢谢！有 空 我 去 看看。
Shānxià: Xièxie! Yǒu kòng wǒ qù kànkan.

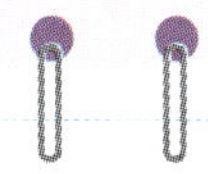

1 根据对话内容，回答下列问题。Answer the following questions according to the dialogue.

1. 山下 想 买 什么？
   Shānxià xiǎng mǎi shénme?
2. 在 什么 地方 可以 买到？
   Zài shénme dìfang kěyǐ mǎidào?
3. 那个 地方 远 不 远？怎么 走？
   Nà ge dìfang yuǎn bu yuǎn? Zěnme zǒu?

根据对话内容，画一下去超市的线路图，然后按照图示说明从书店或者超市去学校怎么走。Try to draw the route map to the supermarket according to the dialogue. Then explain how to get from the bookstore or the supermarket to the campus according to the map.

Make sure to mark a few main locations: west gate of school, restaurant, supermarket, bookstore, etc.

给老师的提示 您可能需要事先按课文内容准备一个示意图，方便学生看图说明线路。

对话 3 Dialogue 3 04-05

In the classroom.

马修：你 知道 语言 学校 吗？
Mǎxiū: Nǐ zhīdào yǔyán xuéxiào ma?

莎莎：知道。离 咱们 学校 挺 远 的。
Shāshā: Zhīdào. Lí zánmen xuéxiào tǐng yuǎn de.

马修： 有 多 远？
Măxiū： Yǒu duō yuǎn?

莎莎： 可以 说 相当 远。
Shāshā： Kěyǐ shuō xiāngdāng yuǎn.

马修： 你 去过 那个 学校 吗？
Măxiū： Nǐ qùguo nàge xuéxiào ma?

莎莎： 去过 一 次。 路上 堵车， 一 个 多 小时 才 到。
Shāshā： Qùguo yí cì. Lùshang dǔchē, yí ge duō xiǎoshí cái dào.

马修： 你 能 告诉 我 怎么 坐 车 吗？ 我 要 去 看 个 朋友。
Măxiū： Nǐ néng gàosu wǒ zěnme zuò chē ma? Wǒ yào qù kàn ge péngyou.

莎莎： 先 在 学校 门口 坐 902 或者 915。
Shāshā： Xiān zài xuéxiào ménkǒu zuò jiǔ líng èr huòzhě jiǔ yāo wǔ.

马修： 还① 得 换 车 呀？
Măxiū： Hái děi huàn chē ya?

莎莎： 对， 到 新街口 换 地铁。
Shāshā： Duì, dào Xīnjiēkǒu huàn dìtiě.

马修： 在 哪 一 站 下车？
Măxiū： Zài nǎ yí zhàn xiàchē?

莎莎： 语言 学校 有 站。 但是 过了 地下 通道 还 要 走 5 分钟 左右。
Shāshā： Yǔyán xuéxiào yǒu zhàn. Dànshì guòle dìxià tōngdào hái yào zǒu wǔ fēnzhōng zuǒyòu.

马修： 往 哪个 方向 走？
Măxiū： Wǎng nǎge fāngxiàng zǒu?

莎莎： 我 忘 了。 到了 那儿 你 打听 一下 吧。
Shāshā： Wǒ wàng le. Dàole nàr nǐ dǎting yíxià ba.

马修： 路上 大概 需要 多 长 时间？
Mǎxiū： Lùshang dàgài xūyào duō cháng shíjiān?

莎莎： 顺利 的 话，40 多 分钟 吧。
Shāshā： Shùnlì de huà, sìshí duō fēnzhōng ba.

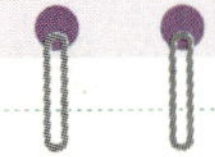

1 根据对话内容，回答下列问题。Answer the following questions according to the dialogue.

1. 马修 想 去 什么 地方？ 为 什么？
   Mǎxiū xiǎng qù shénme dìfang? Wèi shénme?
2. 那个 地方 离 他们 学校 远 吗？
   Nàge dìfang lí tāmen xuéxiào yuǎn ma?
3. 莎莎 去过 吗？
   Shāshā qùguo ma?
4. 去 那儿 应该 怎么 坐 车？
   Qù nàr yīnggāi zěnme zuò chē?
5. 下了 车 应该 怎么 走？
   Xiàle chē yīnggāi zěnme zǒu?
6. 路上 可能 需要 多 长 时间？
   Lùshang kěnéng xūyào duō cháng shíjiān?

2 根据对话内容填空，然后试着复述对话。Fill in the blanks according to the dialogue. Then try to retell the dialogue.

马修 要 去 ① ________________，可是 ② ________
Mǎxiū yào qù ，kěshì

________________，玛莎 去过 ③ ________________，她
，Mǎshā qùguo ，tā

告诉 马修 ④ ________________________________
gàosu Mǎxiū

____

____。

朗读下面的短文，然后模仿短文说说怎么去离你们学校最近的银行。Read the following short passage aloud, then use the passage as a model to talk about how to get to the closest bank from your school. 04-06

我们 学校 在 北京 的 西边，离 市中心 不 太 远。附近 有 很 多 商店 和 饭馆，生活 很 方便。我 最 喜欢 去 学校 后面 的 大 超市，每 个 星期 都 要 去 两 三 次。出了 学校 的 西门，先 往 南 走，然后 往 西 拐，走 10 分钟 就 到 了。超市 的 旁边 还有 一 个 书店，买 书 也 很 方便。

Wǒmen xuéxiào zài Běijīng de xībian, lí shìzhōngxīn bú tài yuǎn. Fùjìn yǒu hěn duō shāngdiàn hé fànguǎn, shēnghuó hěn fāngbiàn. Wǒ zuì xǐhuan qù xuéxiào hòumian de dà chāoshì, měi ge xīngqī dōu yào qù liǎng sān cì. Chūle xuéxiào de xīmén, xiān wǎng nán zǒu, ránhòu wǎng xī guǎi, zǒu shí fēnzhōng jiù dào le. Chāoshì de pángbiān háiyǒu yí ge shūdiàn, mǎi shū yě hěn fāngbiàn.

交际活动 Communication Activities

双人活动 Pair Work

1 来到学校以后，你常去学校里的什么地方？什么地方你从来没去过？你可以说出哪些地方的具体位置？试着说一说。Ever since you've come to the campus, where do you visit the most? Where have you not been to? How many of these locations can you name? Try to talk about them.

图书馆 túshūguǎn	食堂 shítáng	小卖部 xiǎomàibù
篮球场 lánqiúchǎng basketball court	足球场 zúqiúchǎng soccer field	健身房 jiànshēnfáng

2 向同伴描述学校里一个地方的具体位置，让对方猜一猜是什么地方。Describe the specific location of a place on campus to your partner, have him/her guess the location.

Sentence Pattern

① 在 它 的 南边 （后边、 旁边、 对面 ……）有……
Zài tā de nánbian (hòubian, pángbiān, duìmiàn ...) yǒu ...

② 它 的 后面 （北边、 东南边 ……）是……
Tā de hòumian (běibian, dōngnánbian ...) shì ...

小组活动 Group Activity

三一四人一组，一起画一张学校的方位示意图，标出你们知道的所有地方，并和其他组画的图比较一下。Work in groups of three or four, draw a map diagram of your campus together, and mark all locations you know. Compare with other groups' diagrams with yours.

全班活动 Full-Class Activity

下面是一所学校及周边商业区的方位示意图，根据图片，回答老师的提问。The following is a location diagram of the school and all its surrounding business districts. Answer the questions from the teacher based on the diagram.

您可以将图放在 PPT 上，采取抢答方式进行。

课堂内外 Inside and Outside the Classroom

你有没有特别想去的地方？课后向你的中国朋友打听一下那个地方在哪儿，怎么去。Is there any place that you extremely want to visit? Ask your Chinese friend if they know the location, and how to get there.

If you know how to get there, you can ask if there is an easier route to get there. 

游戏：快速说位置 Game: Location Naming Race

老师指定一名学生作为第一个开始的人，这名学生快速说出一位同学的位置，如“他在我的左边，在 x x x 的后面。”被指出位置的同学要接力说出另一位同学的位置，以此类推，没反应过来的同学要受到小小的“惩罚”。The teacher appoints a student to start. This student should quickly name the location of another classmate. For example, 他在我的左边，在 x x x 的后面。The classmate who is picked by the first person should name the location of another person. The game goes on like this, and those who cannot name others' locations will receive a little “punishment”.

复习与总结
Review and Sum-Up

1. 在这一课你学会了什么？试着写出你记住的词语。What did you learn in this lesson? Try to write down the words you remember.

You can also write in *Pinyin*. 

2. 替换。Substitute.

①

超市 Chāoshì	那儿 nàr	有好几家呢。yǒu hǎo jǐ jiā ne.
学校 Xuéxiào	西边 xībian	
饭馆儿 Fànguǎnr	附近 fùjìn	

②

那儿不是 Nàr bú shì	一家 yì jiā	饭馆儿 fànguǎnr	吗？ma?
	一所 yì suǒ	学校 xuéxiào	
	一个 yí ge	商店 shāngdiàn	

③

离咱们学校 Lí zánmen xuéxiào	挺 tǐng	远 yuǎn	的。de.
今天天气 Jīntiān tiānqì		好 hǎo	
他女朋友 Tā nǚpéngyou		漂亮 piàoliang	

3. 用所给的词语完成下面的对话。Use the given words to complete the following conversations.

1. A：今天 吃饭 的 人 比较 多，请 几 位 稍等 一会儿。
Jīntiān chīfàn de rén bǐjiào duō, qǐng jǐ wèi shāoděng yíhuìr.

B：________________________？ 还得 hái děi

2. A：下课 之 前，我们 来 听写 几 个 生词。
Xiàkè zhī qián, wǒmen lái tīngxiě jǐ ge shēngcí.

B：________________________？ 还得 hái děi

3. A：去 那里，要 坐 多 长 时间 的 车？
Qù nàli, yào zuò duō cháng shíjiān de chē?

B：________________________。 也就 yě jiù

4. A：这 件 衣服 一定 很 贵 吧？
Zhè jiàn yīfu yídìng hěn guì ba?

B：________________________。 也就 yě jiù

4. 模仿例句，完成下面的对话。Imitate the example to complete the following conversations.

例 A：你 觉得 什么 时候 去 比较 好？
Nǐ juéde shénme shíhou qù bǐjiào hǎo?

B：这样吧，到时候我打电话给你。

1. A：假期 咱们 去 哪里 玩儿？
Jiàqī zánmen qù nǎli wánr?

B：________________________。

2. A：这 件 蓝色 的 好 还是 那 件 白色 的 比较 好？
Zhè jiàn lánsè de hǎo háishì nà jiàn báisè de bǐjiào hǎo?

B：________________________。

3. A：我们 喝 红茶 还是 喝 咖啡？
Wǒmen hē hóngchá háishì hē kāfēi?

B：________________________。

4 A：　朋友们　来的时候吃　中国菜　还是吃西餐（Western-style cuisine）？
Péngyoumen lái de shíhou chī Zhōngguócài háishì chī Xīcān?

B：________________________________。

5. 你能说出你们学校或学生宿舍的具体位置了吗？学会说行走路线了吗？跟你的同伴说说，看他们能不能根据你说的画出准确的位置图。Can you describe the specific location of your school or your dorm now? Do you know how to describe a route? Tell you partner about it, and see if he/she can draw the map based on your description.

我觉得还是骑车去好。

Wǒ juéde háishì qíchē qù hǎo.

I think it's better to go by bike.

目标 Objectives

1. 复习各种交通工具的名称。Review the names of different transportations.
2. 复习乘坐交通工具时的常用语句。Review the common expressions for taking public transportations.
3. 学会简单表达对不同交通工具的看法。Learn the basic ways to express your opinions about different transportations.
4. 学会习比较不同的交通工具。Learn to compare different transportations.

准备 Preparation

1. 你经常坐公共汽车吗？会看站牌吗？在黑板上写一个你知道的站名，并告诉大家坐哪几路车可以到那儿。Do you usually take bus? Do you know how to check the stop board? Write down a stop you know on the blackboard, and tell the class which bus can take you there.

您上课前别忘了提醒学生注意一下站牌。

2. 乘坐公共汽车、地铁或出租车时，我们常会说什么？和同伴一起聊一聊。When taking bus, subway or taxi, what do we always say? Talk about it with your partner.

3. 看图片，跟同伴一起说说你使用过哪些交通工具，你最喜欢哪些。Look at the pictures, tell your partner transportations you've taken, and which are your favorite transportations.

1 

出租车
chūzūchē

2 

地铁
dìtiě

3 

火车
huǒchē

4 飞机 fēijī

5 大巴 dàbā

6 公共 汽车 gōnggòng qìchē

7 私家车 sījiāchē

8 自行车 zìxíngchē

词语 Vocabulary 05-01

交通 工具 jiāotōng gōngjù transportation	出租车 chūzūchē taxi	机场 大巴 jīchǎng dàbā airport express	公共 gōnggòng public		
开车 kāichē to drive a car	骑车 qíchē to ride a bike	乘坐 chéngzuò to take	起飞 qǐfēi to take off	趟 tàng *measure word*	
查 chá to check	算 suàn to count	遇到 yùdào to run into	来得及 lái de jí there is still time	差点儿 chà diǎnr almost	迟到 chídào late
前天 qiántiān the day before yesterday	周 zhōu week	后来 hòulái later			
风景 fēngjǐng scenery	箱子 xiāngzi suitcase				

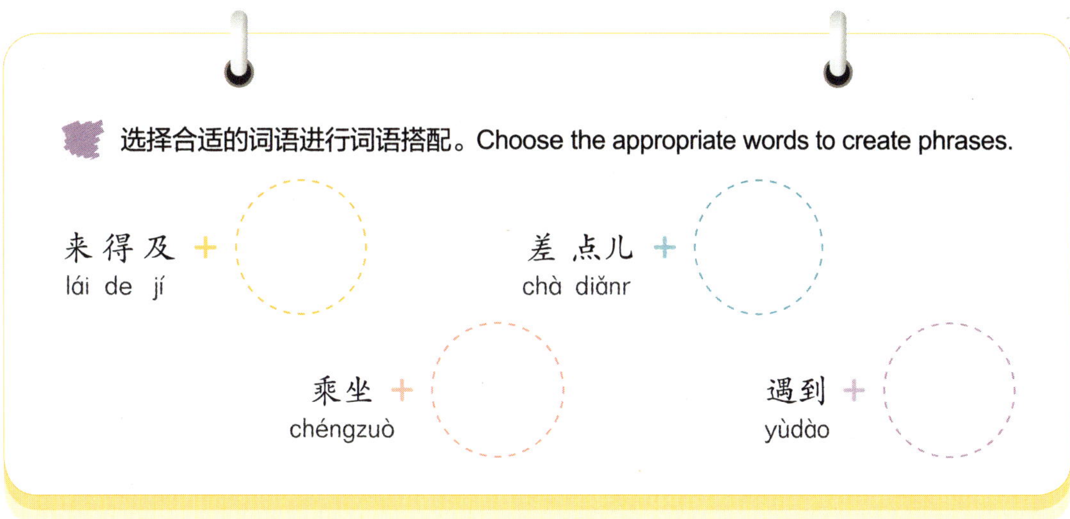

句子 Sentences

1 听录音，填词语，然后朗读句子。Listen to the recording and fill in the blanks. Then read the sentences aloud. 05-02

1. 有一次我 ______ 堵车，差点儿迟到。
   Yǒu yí cì wǒ ______ dǔchē, chà diǎnr chídào.
2. 您路上 ______ 换车吗？
   Nín lùshang ______ huànchē ma?
3. 公共汽车 ______ 地铁快。
   Gōnggòng qìchē ______ dìtiě kuài.
4. 地铁是一种很不错的 ______。
   Dìtiě shì yì zhǒng hěn búcuò de ______.
5. 能 ______ 公共交通的话，我 ______ 也不开车。
   Néng ______ gōnggòng jiāotōng de huà, wǒ ______ yě bù kāichē.
6. 如果大家都这样做，堵车的情况就会 ______ 少了。
   Rúguǒ dàjiā dōu zhèyàng zuò, dǔchē de qíngkuàng jiù huì ______ shǎo le.
7. 从咱们学校到 ______，打车 ______
   Cóng zánmen xuéxiào dào ______, dǎchē ______

多少 钱？
duōshao qián?

8 你 前天 去 ______，是 怎么 去 的？
Nǐ qiántiān qù ______, shì zěnme qù de?

9 骑车 ______，但是 比较 累，______ 太 远 的 地方。
Qíchē ______, dànshì bǐjiào lèi, ______ tài yuǎn de dìfang.

10 来 这里 以后，我 还 没 坐过 ______ 呢。
Lái zhèli yǐhòu, wǒ hái méi zuòguo ______ ne.

2 看图片，跟同伴一起说说图片中的人可能在说什么。Look at the pictures, and discuss with your partner what the people in the pictures might be saying.

1

2

3

3 和同伴一起，选择合适的句子完成对话。Use the appropriate sentences to complete the conversations with your partner.

1 A：你 为 什么 想 坐 火车 去？
Nǐ wèi shénme xiǎng zuò huǒchē qù?

B：______。

2 A：______？

B：不用 换车。
Búyòng huànchē.

3 A：我 每 天 都 坐 地铁，不 开车。
Wǒ měi tiān dōu zuò dìtiě, bù kāichē.

B：______。

4 A：我 觉得 骑车 去 也 挺 好 的。
Wǒ juéde qíchē qù yě tǐng hǎo de.

B：______。

对话1 Dialogue 1 05-03

On the campus.

山下：王老师，这么早就来了。今天有课啊？
Shānxià: Wáng lǎoshī, zhème zǎo jiù lái le. Jīntiān yǒu kè a?

王老师：是啊，怕堵车。
Wáng lǎoshī: Shì a, pà dǔchē.

山下：您家离学校很远吗？
Shānxià: Nín jiā lí xuéxiào hěn yuǎn ma?

王老师：不算太远。但是有一次我遇到堵车，差点儿[①]迟到。
Wáng lǎoshī: Bú suàn tài yuǎn. Dànshì yǒu yí cì wǒ yùdào dǔchē, chà diǎnr chídào.

山下：还是早点儿来放心。您路上需要换车吗？
Shānxià: Háishì zǎo diǎnr lái fàngxīn. Nín lùshang xūyào huànchē ma?

语言贴士

王老师：不换也行，可是公共汽车没有地铁快[②]。
Wáng lǎoshī: Bú huàn yě xíng, kěshì gōnggòng qìchē méiyǒu dìtiě kuài.

山下：地铁是一种很不错的交通工具。
Shānxià: Dìtiě shì yì zhǒng hěn búcuò de jiāotōng gōngjù.

王老师：是啊。以前我开车上班，后来有地铁了，就不开车了。
Wáng lǎoshī: Shì a. Yǐqián wǒ kāichē shàngbān, hòulái yǒu dìtiě le, jiù bù kāichē le.

山下：能 乘坐 公共 交通③的话，我一般也不开车。
Shānxià: Néng chéngzuò gōnggòng jiāotōng de huà, wǒ yìbān yě bù kāichē.

王老师：如果大家都这样做，堵车的情况就会越来越少了。
Wáng lǎoshī: Rúguǒ dàjiā dōu zhèyàng zuò, dǔchē de qíngkuàng jiù huì yuèlái yuè shǎo le.

根据对话内容，回答下面的问题。Answer the following questions according to the dialogue.

1. 王老师家离学校远吗？
   Wáng lǎoshī jiā lí xuéxiào yuǎn ma?
2. 王老师为什么来得很早？
   Wáng lǎoshī wèi shénme lái de hěn zǎo?
3. 王老师路上需要换车吗？
   Wáng lǎoshī lùshang xūyào huànchē ma?
4. 王老师为什么不开车上班？
   Wáng lǎoshī wèi shénme bù kāichē shàngbān?
5. 大家怎样做，堵车会越来越少？
   Dàjiā zěnyàng zuò, dǔchē huì yuèlái yuè shǎo?

扫描二维码，跟同伴一起说一说。Scan the QR code, and talk about the questions with your partner.

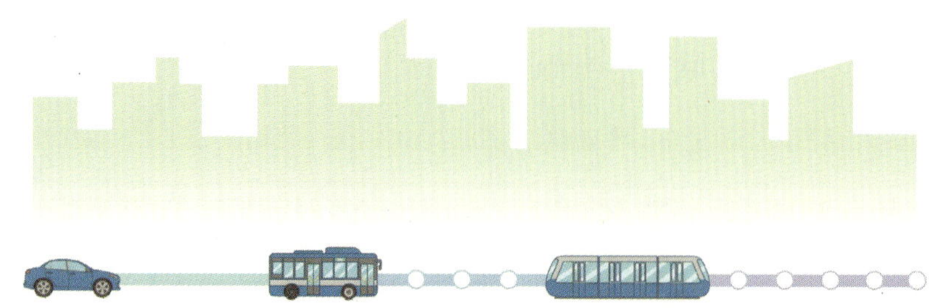

对话2 Dialogue 2 05-04

In the classroom.

语言贴士

春香：马修，从咱们学校到机场，打车得多少钱？
Chūnxiāng: Mǎxiū, cóng zánmen xuéxiào dào jīchǎng, dǎchē děi duōshao qián?

马修：听说得一百多块钱。
Mǎxiū: Tīngshuō děi yìbǎi duō kuài qián.

春香：那么贵呀！你前天去接人，是怎么去的？
Chūnxiāng: Nàme guì ya! Nǐ qiántiān qù jiē rén, shì zěnme qù de?

马修：坐机场大巴①去的，一个人才②十六块钱。
Mǎxiū: Zuò jīchǎng dàbā qù de, yí ge rén cái shíliù kuài qián.

春香：可是我要坐的飞机特别早，而且我有大箱子。
Chūnxiāng: Kěshì wǒ yào zuò de fēijī tèbié zǎo, érqiě wǒ yǒu dà xiāngzi.

马修：飞机几点起飞？
Mǎxiū: Fēijī jǐ diǎn qǐfēi?

春香：七点十分。
Chūnxiāng: Qī diǎn shí fēn.

马修：来得及③。五点多就有机场大巴了。
Mǎxiū: Lái de jí. Wǔ diǎn duō jiù yǒu jīchǎng dàbā le.

春香：是吗？在哪儿坐车？
Chūnxiāng: Shì ma? Zài nǎr zuò chē?

马修：很多地方都有站。你可以打车去最近
Mǎxiū: Hěn duō dìfang dōu yǒu zhàn. Nǐ kěyǐ dǎchē qù zuìjìn

的 站。
de zhàn.

春香 ： 这个 办法 不错。我 查 一下 附近 哪儿 有 站。
Chūnxiāng： Zhège bànfǎ búcuò. Wǒ chá yíxià fùjìn nǎr yǒu zhàn.

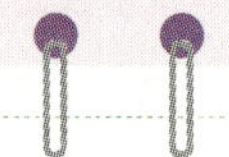

1 根据对话内容，回答下列问题。Answer the following questions according to the dialogue.

1. 春香 想 怎么 去 机场？
   Chūnxiāng xiǎng zěnme qù jīchǎng?
2. 坐 机场 大巴，一 个 人 多少 钱？
   Zuò jīchǎng dàbā, yí ge rén duōshao qián?
3. 春香 想 坐 机场 大巴，但是 她 担心（worry）什么？
   Chūnxiāng xiǎng zuò jīchǎng dàbā, dànshì tā dānxīn shénme?
4. 春香 可以 坐 机场 大巴 去 机场 吗？为 什么？
   Chūnxiāng kěyǐ zuò jīchǎng dàbā qù jīchǎng ma? Wèi shénme?

2 根据对话内容填空，然后试着复述对话。Fill in the blanks according to the dialogue. Then try to retell the dialogue.

春香 明天 要 去 机场，她 打算 ①＿＿＿＿＿＿，可是 听 马修 说 打车 ②＿＿＿＿＿＿，太 贵 了。虽然 可以 坐 ③＿＿＿＿＿＿，但是 春香 坐 的 飞机 ④＿＿＿＿＿＿，她 担心 ⑤＿＿＿＿＿＿。马修 告诉 春香 ⑥＿＿＿＿＿＿，他 让 春香 ⑦＿＿＿＿＿＿。
Chūnxiāng míngtiān yào qù jīchǎng, tā dǎsuàn ①＿＿＿＿＿＿, kěshì tīng Mǎxiū shuō dǎchē ②＿＿＿＿＿＿, tài guì le. Suīrán kěyǐ zuò ③＿＿＿＿＿＿, dànshì Chūnxiāng zuò de fēijī ④＿＿＿＿＿＿, tā dānxīn ⑤＿＿＿＿＿＿. Mǎxiū gàosu Chūnxiāng ⑥＿＿＿＿＿＿, tā ràng Chūnxiāng ⑦＿＿＿＿＿＿.

对话3 Dialogue 3 05-05

At the sports field.

王　山：最近天气不错，咱们周末出去玩儿一趟[①]吧？
Wáng Shān: Zuìjìn tiānqì búcuò, zánmen zhōumò chūqù wánr yí tàng ba?

山下：好啊！怎么去？
Shānxià: Hǎo a! Zěnme qù?

王　山：咱们别坐出租车去，骑车或者坐公共汽车都行。
Wáng Shān: Zánmen bié zuò chūzūchē qù, qíchē huòzhě zuò gōnggòng qìchē dōu xíng.

山下：我觉得还是骑车去好。
Shānxià: Wǒ juéde háishì qíchē qù hǎo.

王　山：骑车好是好，但是比较累，去不了太远的地方。
Wáng Shān: Qíchē hǎo shì hǎo, dànshì bǐjiào lèi, qù bu liǎo tài yuǎn de dìfang.

山下：那倒是。你想去哪儿？近一点儿、远一点儿都行。
Shānxià: Nà dàoshì. Nǐ xiǎng qù nǎr? Jìn yìdiǎnr, yuǎn yìdiǎnr dōu xíng.

王　山：去一个能爬山的地方怎么样？马修上周去了。
Wáng Shān: Qù yí ge néng páshān de dìfang zěnmeyàng? Mǎxiū shàng zhōu qù le.

山下：我 听 他 说 那儿 挺 不错 的，就是 回来 的 时候 离 车站 有 点儿 远。
Shānxià: Wǒ tīng tā shuō nàr tǐng búcuò de, jiùshì huílai de shíhou lí chēzhàn yǒu diǎnr yuǎn.

王　山：那个 地方 是 我 给 他 介绍 的，风景 特别 好，走路 到 火车站 15 分钟 左右。
Wáng Shān: Nàge dìfang shì wǒ gěi tā jièshào de, fēngjǐng tèbié hǎo, zǒulù dào huǒchēzhàn shíwǔ fēnzhōng zuǒyòu.

山下：那 咱们 也 去 看看 吧。来 这里 以后，我 还 没 坐过 火车 呢。
Shānxià: Nà zánmen yě qù kànkan ba. Lái zhèli yǐhòu, wǒ hái méi zuòguo huǒchē ne.

王　山：没 问题。我 今天 就 可以 去 买 票。
Wáng Shān: Méi wèntí. Wǒ jīntiān jiù kěyǐ qù mǎi piào.

山下：我 问问 莎莎 和 乔丹 去 不 去，然后 给 你 打 电话。
Shānxià: Wǒ wènwen Shāshā hé Qiáodān qù bu qù, ránhòu gěi nǐ dǎ diànhuà.

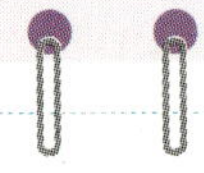

根据对话内容，回答下面的问题。Answer the following questions according to the dialogue.

1. 王　山 为 什么 想 出去 玩儿？
Wáng Shān wèi shénme xiǎng chūqu wánr?

2. 山下 想 怎么 去？ 王　山 为 什么 不 同意？
Shānxià xiǎng zěnme qù? Wáng Shān wèi shénme bù tóngyì?

3. 王　山 想 去 哪儿？
Wáng Shān xiǎng qù nǎr?

4. 马修 上 个 星期 去 的 地方 怎么样？
MǎXiū shàng ge xīngqī qù de dìfang zěnmeyàng?

5 山下和王山要去哪儿？
Shānxià hé Wáng Shān yào qù nǎr?

6 山下想怎么去？为什么？
Shānxià xiǎng zěnme qù? Wèi shénme?

扫描二维码，跟同伴一起说一说。Scan the QR code, and talk about the questions with your partner.

朗读下面的短文，然后模仿短文说说你的经历。Read the following short passage aloud, then use the passage as a model to talk about your experience. 05-06

乔丹是美国留学生，他在中国学汉语。刚到中国的时候，因为汉语水平不高，他一个人不坐公共汽车，经常打车。一个月以后，他才第一次坐公共汽车。那天他上车后还对售票员说了一句汉语，他问："一张票多少钱？"还有一个漂亮的中国姑娘告诉他，应该买一张公交卡，因为有了公交卡，以后就不用买票了，刷卡就行。你在中国坐过公共汽车和地铁吗？你有公交卡吗？你学会刷手机坐公共汽车和地铁了吗？

Qiáodān shì Měiguó liúxuéshēng, tā zài Zhōngguó xué Hànyǔ. Gāng dào Zhōngguó de shíhou, yīnwèi Hànyǔ shuǐpíng bù gāo, tā yí ge rén bú zuò gōnggòng qìchē, jīngcháng dǎchē. Yí ge yuè yǐhòu, tā cái dì-yī cì zuò gōnggòng qìchē. Nà tiān tā shàngchē hòu hái duì shòupiàoyuán shuōle yí jù Hànyǔ, tā wèn: "yì zhāng piào duōshao qián?" Háiyǒu yí ge piàoliang de Zhōngguó gūniang gàosu tā, yīnggāi mǎi yì zhāng gōngjiāokǎ, yīnwèi yǒule gōngjiāokǎ, yǐhòu jiù búyòng mǎi piào le, shuākǎ jiù xíng. Nǐ zài Zhōngguó zuòguo gōnggòng qìchē hé dìtiě ma? Nǐ yǒu gōngjiāokǎ ma? Nǐ xuéhuì shuā shǒujī zuò gōnggòng qìchē hé dìtiě le ma?

交际活动 Communication Activities

双人活动 Pair Work

下周一有几个同学要去老师说的地方参加一个活动。活动早晨 8 点就开始。你觉得他们应该怎么坐车？和同伴讨论出合适的出行线路，并说明理由。Next Monday, a few classmates will attend an event that the teacher mentioned. The event starts at eight o'clock in the morning. How do you think they should get there? Discuss the appropriate route with your partner, and explain why.

	Plan 1	Plan 2
Time of departure		
Transportation		
Reason		

您需要根据当地情况选择一个较远的目的地，最好是可以乘坐火车也可以乘坐大巴的，并事先准备一张交通地图或者几条乘车线路。

小组活动 Group Activity

1 三—四人一组，先想想这三种交通工具的优缺点，然后和同伴讨论、比较这三种交通工具。Work in groups of three or four. Think about the pros and cons of these three transportations, then discuss and compare them with your partner.

自行车 zìxíngchē bicycle	公共 汽车 gōnggòng qìchē	私家车 sījiāchē private car

You can talk about the transportations' pros and cons based on their features.

2 你们觉得应该更多地使用哪种交通工具？为什么？Which transportation do you think people should use more often? Why?

您可以根据学生的态度，将他们自然分出两个队，进行辩论。

全班活动 Full-Class Activity

全班讨论开车和使用公共交通的优缺点，然后分为两组，根据下面的情况进行辩论。Discuss the pros and cons of driving and taking public transportation together. Then based on the following scene, divide the class into two teams to debate.

王山马上要毕业了。他很想买一辆车。你觉得他该不该买车？Wang Shan will graduate soon. He really wants to buy a car. Do you think he should buy a car?

1. 选择自己的观点：支持王山买车或反对王山买车。
Select your opinion: for Wang Shan in buying a car versus against Wang Shan in buying a car.

2. 全班依据自己支持的观点分组，每个组最少商量出三个理由支持自己的观点。
Based on different opinions, divide the class into two teams. Each team discuss to find three reasons through discussion to support your stand position.

3. 两组分别选出代表，进行辩论：第一人陈述主要观点，第二人举例说明，第三人最后总结。
The two teams pick three representatives to participate in the debate. The first person state his/her main points, the second person give examples, the third person summarizes.

When the other team is speaking, you should listen carefully.
You can try to convince the other team with your own reasons.

课堂内外 Inside and Outside the Classroom

课后和你的中国朋友聊一聊是否应该买车，听听他们的想法。下次上课时跟全班同学分享。After class, talk to your Chinese friends about whether you should buy a car or not, and listen to their opinions. Share with your classmates on the next class.

复习与总结
Review and Sum-Up

1. 在这一课你学会了什么？试着写出你记住的词语。What did you learn in this lesson? Try to write down the words you remember.

You can also write in *Pinyin*. 

2. 替换。Substitute.

① 有一次我遇到 堵车 ，差点儿 迟到 。
Yǒu yí cì wǒ yùdào dǔchē, chà diǎnr chídào.

有一次我遇到 Yǒu yí cì wǒ yùdào	堵车 dǔchē	，差点儿 , chà diǎnr	迟到 chídào	。.
	大雨 dàyǔ		不能来上课 bù néng lái shàngkè	
	大雪 dàxuě		不能起飞 bù néng qǐfēi	

② 近一点儿远一点儿，都行。
Jìn yìdiǎnr yuǎn yìdiǎnr, dōu xíng.

近 Jìn	一点儿 yìdiǎnr	远 yuǎn	一点儿，yìdiǎnr,	都行。dōu xíng.
大 Dà		小 xiǎo		
多 Duō		少 shǎo		

③ 来这里以后，我还没坐过火车呢。
Lái zhèli yǐhòu, wǒ hái méi zuò guo huǒchē ne.

来 Lái	这里 zhèli	以后，yǐhòu,	我 wǒ	还没 hái méi	坐 zuò	过 guo	火车 huǒchē	呢。ne.
	学校 xuéxiào		我 wǒ		去 qù		书店 shūdiàn	
	中国 Zhōngguó		他 tā		考 kǎo		HSK HSK	

3. 根据下面对话的意思，用“才”“就”填空。Based on the following conversations, use 才 or 就 to fill in the blanks.

1. A：他今天怎么吃得这么少？
   Tā jīntiān zěnme chī de zhème shǎo?

   B：是啊，他 ______ 吃了一个小面包就不吃了。
   Shì a, tā ______ chīle yí ge xiǎo miànbāo jiù bù chī le.

2. A：这家饭馆大吗？
   Zhè jiā fànguǎn dà ma?

   B：不大，一共 ______ 有七张桌子。
   Bú dà, yígòng ______ yǒu qī zhāng zhuōzi.

3. A：你今天来得这么早？
   Nǐ jīntiān lái de zhème zǎo?

   B：是啊，我今天7点半 ______ 到教室了。
   Shì a, wǒ jīntiān qī diǎn bàn ______ dào jiàoshì le.

4. A：听说他上学很早。
   Tīngshuō tā shàngxué hěn zǎo.

   B：是的，五岁半 ______ 上学了，所以毕业很早。
   Shìde, wǔ suì bàn ______ shàngxué le, suǒyǐ bìyè hěn zǎo.

4. 用所给词语和“来得及”说出完整的句子。Use the given words and 来得及 to make complete sentences and speak them out.

1. 8点 bā diǎn | 7点半 qī diǎn bàn | 吃早饭 chī zǎofàn

   → ______________________________

2. 电影 diànyǐng | 开始 kāishǐ | 时间 shíjiān

   → ______________________________

5. 你知道怎么简单表达对各种交通工具的看法了吗？能对不同交通工具进行比较了吗？根据下面的提示复习一下。Can you express your opinions about different transportations now? Do you know how to compare different transportations? Use the following hints to review.

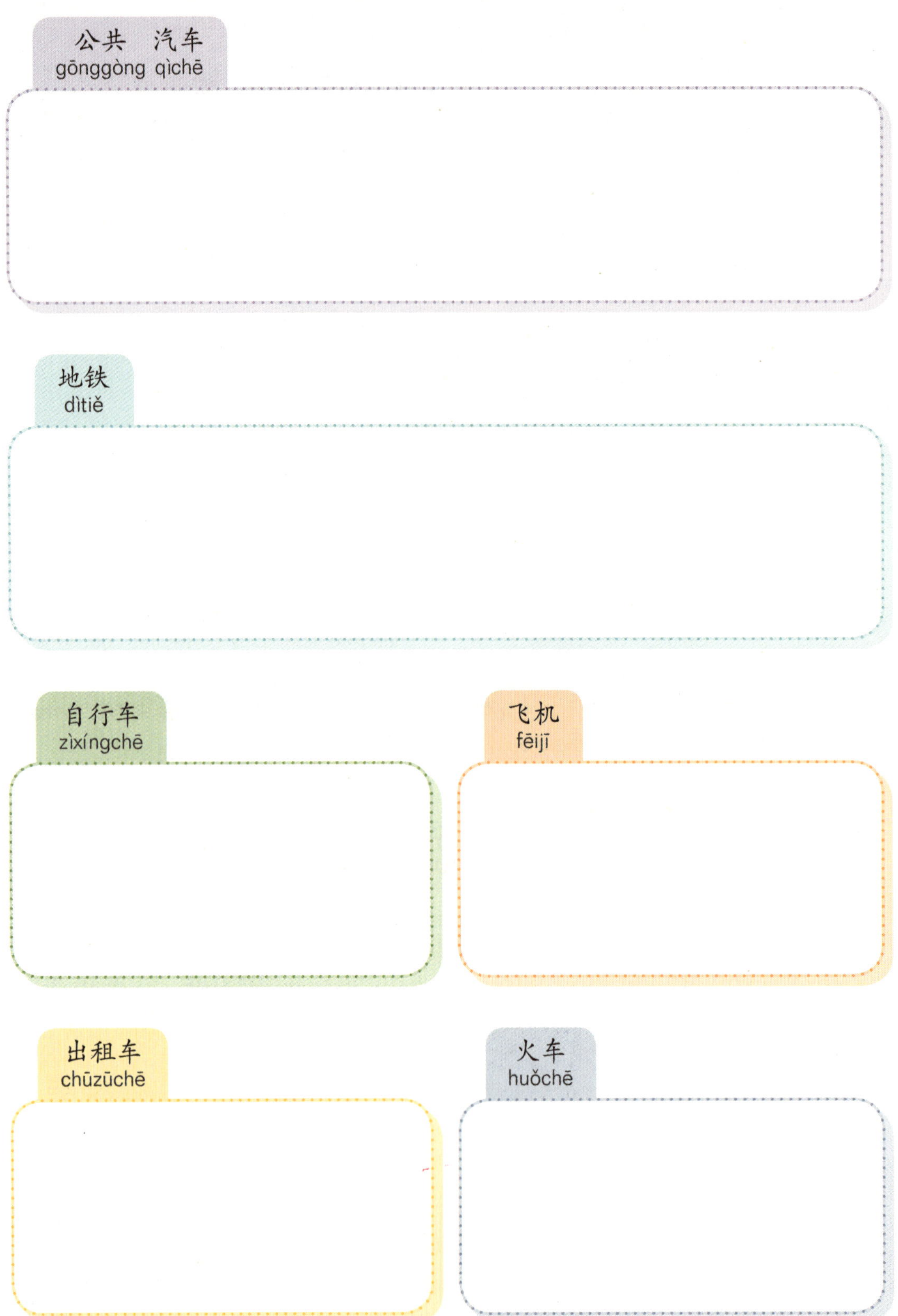

第6课 能帮我找找吗？

Néng bāng wǒ zhǎozhǎo ma?

Can you help me find it?

目标 Objectives

1. 复习常用的求助用语。Review the common expressions to ask for help.
2. 学会询问别人生活和学习中遇到的问题。Learn to ask problems others run into in their life and study.
3. 学会说明自己遇到的问题并简单地陈述出现问题的原因。Learn to explain the problem you run into and state basic reasons why a problem happens.
4. 学习向别人请求帮助。Learn to ask for help from others.

准备 Preparation

1 试着用参考句型向老师或同学借图片上的东西。Try to borrow the things in the pictures from your teacher or classmates using the sentence pattern for reference.

① 书 shū

② 自行车 zìxíngchē

③ 笔 bǐ

④ 相机 xiàngjī

⑤ 词典 cídiǎn

Sentence Pattern

用 一下 你 的 ……， 可以 吗？
Yòng yíxià nǐ de …， kěyǐ ma?

2 看图片，跟同伴一起说说图片中的人可能在说什么。Look at the pictures, and discuss with your partner what the people in the pictures might be saying.

① 

② 

③ 

④ 

Sentence Pattern

我 的……，请 帮
Wǒ de ...， qǐng bāng

我……，好 吗？
wǒ ...， hǎo ma?

词语 Vocabulary 06-01

国际	教育	学院	收发室	人员	窗台
guójì	jiàoyù	xuéyuàn	shōufāshì	rényuán	chuāngtái
international	education	college	mail room	staff	windowsill

丢	本	词典	休闲	外套	牌子	名牌	普通
diū	běn	cídiǎn	xiūxián	wàitào	páizi	míngpái	pǔtōng
to lose	*measure word* (used for books and notebooks)	dictionary	casual	coat, outwear	brand	famous brand	ordinary

添	收到	看来
tiān	shōudào	kànlái
to add	to receive	look like

大部分	另外	生词	明白
dàbùfen	lìngwài	shēngcí	míngbai
majority	other, else	new word	understand

看图片，选择合适的词语回答下面的问题。Look at the pictures, then choose the appropriate words to answer the following questions.

1. 他 现在 在 哪儿?
   Tā xiànzài zài nǎr?
2. 他 穿着 什么样 的 衣服?
   Tā chuānzhe shénmeyàng de yīfu?
3. 他 穿着 什么样 的 鞋?
   Tā chuānzhe shénmeyàng de xié?
4. 他是哪个 学院 的 学生?
   Tā shì nǎge xuéyuàn de xuéshēng?
5. 什么 地方 放着 很 多 信?
   Shénme dìfang fàngzhe hěn duō xìn?

句子 Sentences

1 听录音，填词语，然后朗读句子。Listen to the recording and fill in the blanks. Then read the sentences aloud. 06-02

1. 是 在 我们 这儿 ____________ 的 吗?
   Shì zài wǒmen zhèr ____________ de ma?
2. 能 帮 我 ____________ 吗?
   Néng bāng wǒ ____________ ma?
3. 汉语 词典 是 ____________ 上 那个 吧?
   Hànyǔ cídiǎn shì ____________ shang nàge ba?
4. 给 你 ____________ 麻烦 了。
   Gěi nǐ ____________ máfan le.
5. 我 不 ____________ 的 字 越来 越 多 了。
   Wǒ bú ____________ de zì yuèlái yuè duō le.
6. 大部分 是 学过 的，可是 我 总是 ____________。
   Dàbùfen shì xuéguo de, kěshì wǒ zǒngshì ____________.
7. 你 帮 我 想想 ____________ 吧。
   Nǐ bāng wǒ xiǎngxiǎng ____________ ba.
8. 家里 给 我 寄了 东西，可是 我 一直 没有 ____________。
   Jiāli gěi wǒ jìle dōngxi, kěshì wǒ yìzhí méiyǒu ____________.

9 是不是 ______ 写错了？
Shì bu shì ______ xiě cuò le?

10 那您 ______ 我应该怎么办呢？
Nà nín ______ wǒ yīnggāi zěnme bàn ne?

2 看图片，跟同伴一起说说图片中的人可能在说什么。Look at the pictures, and discuss with your partner what the people in the pictures might be saying.

3 和同伴一起，选择合适的句子完成对话。Use the appropriate sentences to complete the conversations with your partner.

1 A：请问，您看到一本汉语书了吗？
Qǐngwèn, nín kàndào yì běn Hànyǔ shū le ma?

B：______。

2 A：您找什么？
Nín zhǎo shénme?

B：我的汉语书丢了，______？
Wǒ de Hànyǔ shū diū le, ______?

3 A：你为什么不想上课？
Nǐ wèi shénme bù xiǎng shàngkè?

B：______。

4 A：______。

B：我觉得你得多练习写字。
Wǒ juéde nǐ děi duō liànxí xiězì.

对话1 Dialogue 1 06-03

At the gym.

工作 人员：先生，您在找什么？
Gōngzuò rényuán: Xiānsheng, nín zài zhǎo shénme?

乔丹：对不起，我找我的外套和一本汉语词典。
Qiáodān: Duìbuqǐ, wǒ zhǎo wǒ de wàitào hé yì běn Hànyǔ cídiǎn.

工作 人员：是在我们这儿丢的吗？
Gōngzuò rényuán: Shì zài wǒmen zhèr diū de ma?

乔丹：是的，能帮我找找吗？
Qiáodān: Shì de, néng bāng wǒ zhǎozhǎo ma?

工作 人员：什么时候丢的？
Gōngzuò rényuán: Shénme shíhou diū de?

乔丹：大概是中午12点半吧，我走的时候一着急就忘了拿。
Qiáodān: Dàgài shì zhōngwǔ shí'èr diǎn bàn ba, wǒ zǒu de shíhou yì zháojí jiù wàngle ná.

工作 人员：汉语词典是窗台上那个吧？外套是什么样的？
Gōngzuò rényuán: Hànyǔ cídiǎn shì chuāngtái shang nàge ba? Wàitào shì shénmeyàng de?

乔丹：就是那本词典！外套是白色的，有帽子。
Qiáodān: Jiù shì nà běn cídiǎn! Wàitào shì báisè de, yǒu màozi.

工作 人员：什么牌子的？
Gōngzuò rényuán: Shénme páizi de?

乔丹：是 一 件 很 普通 的 休闲 外套，不 是 名牌。
Qiáodān: Shì yí jiàn hěn pǔtōng de xiūxián wàitào, bú shì míngpái.

工作 人员：你 等 一下，我 帮 你 问问。
Gōngzuò rényuán: Nǐ děng yíxià, wǒ bāng nǐ wènwen.

乔丹：给 你 添 麻烦 了。
Qiáodān: Gěi nǐ tiān máfan le.

工作 人员：你 看看 是 这 一 件 吗？
Gōngzuò rényuán: Nǐ kànkan shì zhè yí jiàn ma?

乔丹：对，就是 这 件。太 谢谢 你 了。
Qiáodān: Duì, jiùshì zhè jiàn. Tài xièxie nǐ le.

工作 人员：不 客气。下 次 可 别 忘 了。
Gōngzuò rényuán: Bú kèqi. Xià cì kě bié wàng le.

1 根据对话内容，回答下面的问题。Answer the following questions according to the dialogue.

1. 乔丹 为 什么 来 健身房？
   Qiáodān wèi shénme lái jiànshēnfáng?
2. 他 什么 时候 来过 这里？
   Tā shénme shíhou láiguo zhèli?
3. 他 丢 的 是 一 件 什么样 的 外衣？
   Tā diū de shì yí jiàn shénmeyàng de wàiyī?

2 根据对话内容填空，然后试着复述对话。Fill in the blanks according to the dialogue. Then try to retell the dialogue.

乔丹 下课 以后 去 学校 的 健身房 运动，走 的
Qiáodān xiàkè yǐhòu qù xuéxiào de jiànshēnfáng yùndòng, zǒu de

时候 忘了 拿 ①＿＿＿＿＿＿＿＿＿＿。他 发现 自己 的
shíhou wàngle ná ＿＿＿＿＿＿＿＿＿＿. Tā fāxiàn zìjǐ de

②＿＿＿＿＿＿＿＿＿＿丢 了，赶紧 又 来到 健身房。
＿＿＿＿＿＿＿＿＿＿ diū le, gǎnjǐn yòu láidào jiànshēnfáng.

他 告诉 工作 人员 ③＿＿＿＿＿＿＿＿＿＿，还有 一
Tā gàosu gōngzuò rényuán ＿＿＿＿＿＿＿＿＿＿, háiyǒu yí

件 ④＿＿＿＿＿＿＿＿＿＿的 衣服。过了 一会儿，工作
jiàn ＿＿＿＿＿＿＿＿＿＿ de yīfu. Guòle yíhuìr, gōngzuò

人员 拿来 了 ⑤＿＿＿＿＿＿＿＿＿＿，乔丹 一 看，
rényuán nálai le ＿＿＿＿＿＿＿＿＿＿, Qiáodān yí kàn,

⑥＿＿＿＿＿＿＿＿＿＿

对话 2 Dialogue 2 06-04

At the gym.

乔丹：李伟，我 最近 特别 不 想 上课。怎么 办 呢？
Qiáodān: Lǐ Wěi, wǒ zuìjìn tèbié bù xiǎng shàngkè. Zěnme bàn ne?

李伟：为 什么 不 想 上课？身体 不 舒服 吗？
Lǐ Wěi: Wèi shénme bù xiǎng shàngkè? Shēntǐ bù shūfu ma?

乔丹：不 是。上课 的 时候 我 不 认识 的 字 越来 越 多 了。我 的 心情 不 好。
Qiáodān: Bú shì. Shàngkè de shíhou wǒ bú rènshi de zì yuèlái yuè duō le. Wǒ de xīnqíng bù hǎo.

李伟：是 没 学过 的 生词 吗？
Lǐ Wěi: Shì méi xuéguo de shēngcí ma?

乔丹：大部分是学过的，可是我总是记不住[①]。
Qiáodān: Dàbùfen shì xuéguo de, kěshì wǒ zǒngshì jì bu zhù.

李伟：看来你平时没好好儿练习写字。
Lǐ Wěi: Kànlái nǐ píngshí méi hǎohāor liànxí xiězì.

乔丹：我一直觉得说话最重要，会不会写汉字没关系。
Qiáodān: Wǒ yìzhí juéde shuōhuà zuì zhòngyào, huì bu huì xiě Hànzì méi guānxi.

李伟：可是你不学写汉字，学汉语就会越来越难。
Lǐ Wěi: Kěshì nǐ bù xué xiě Hànzì, xué Hànyǔ jiù huì yuèlái yuè nán.

乔丹：是啊，我现在明白了。你帮我想想办法吧。
Qiáodān: Shì a, wǒ xiànzài míngbai le. Nǐ bāng wǒ xiǎngxiǎng bànfǎ ba.

李伟：看来，咱们不能总是聊天儿了，得多练练写字。
Lǐ Wěi: Kànlái, zánmen bù néng zǒngshì liáotiānr le, děi duō liànlian xiě zì.

乔丹：行，我听你的。
Qiáodān: Xíng, wǒ tīng nǐ de.

李伟：我觉得应该一边练一边用。今天我们就开始吧？
Lǐ Wěi: Wǒ juéde yīnggāi yìbiān liàn yìbiān yòng. Jīntiān wǒmen jiù kāishǐ ba?

乔丹：好，说练就练[②]。
Qiáodān: Hǎo, shuō liàn jiù liàn.

1 根据对话内容，回答下列问题。Answer the following questions according to the dialogue.

1. 乔丹 最近 为 什么 不 想 上课？
Qiáodān zuìjìn wèi shénme bù xiǎng shàngkè?
2. 乔丹 不 认识 的 字 都 是 没 学过 的 吗？
Qiáodān bú rènshi de zì dōu shì méi xuéguo de ma?
3. 他 为 什么 不 练习 写字？
Tā wèi shénme bú liànxí xiězì?
4. 乔丹 希望 李 伟 做 什么？
Qiáodān xīwàng Lǐ Wěi zuò shénme?
5. 李 伟 打算 怎么 帮 他？
Lǐ Wěi dǎsuàn zěnme bāng tā?

2 根据对话内容填空，然后试着复述对话。Fill in the blanks according to the dialogue. Then try to retell the dialogue.

乔丹 的 身体 没 问题，但是 他 最近 ① ________________
Qiáodān de shēntǐ méi wèntí, dànshì tā zuìjìn

____________，因为 书 上 ② ____________________________。这些
, yīnwèi shū shang . Zhèxiē

不 认识 的 字 大部分 ③ ________________________，可是 ④ ______
bú rènshi de zì dàbùfen , kěshì

________________________。乔丹 觉得 ⑤ ________________________，
. Qiáodān juéde ,

所以 他 没有 ⑥ ________________________。李 伟 听了 以后
suǒyǐ tā méiyǒu . Lǐ Wěi tīngle yǐhòu

对 乔丹 说 “⑦ ________________________，⑧ ______________
duì qiáodān shuō “ ,

____________”。
”.

对话 3 Dialogue 3 06-05

At the office for international students.

莎莎：老师，家里给我寄了东西，可是我一直没收到。
Shāshā: Lǎoshī, jiāli gěi wǒ jìle dōngxi, kěshì wǒ yìzhí méi shōudào.

老师：你去留学生楼的前台问过吗？
Lǎoshī: Nǐ qù liúxuéshēng lóu de qiántái wènguo ma?

莎莎：我去问过了，那儿也没有。
Shāshā: Wǒ qù wènguo le, nàr yě méiyǒu.

老师：那可能还没到，再等两天吧。
Lǎoshī: Nà kěnéng hái méi dào, zài děng liǎng tiān ba.

莎莎：我妈妈说已经寄出来二十多天了。
Shāshā: Wǒ māma shuō yǐjīng jì chūlai èrshí duō tiān le.

老师：那是不是地址写错了？
Lǎoshī: Nà shì bu shì dìzhǐ xiě cuò le?

莎莎：不会吧？
Shāshā: Bú huì ba?

老师：写的是国际教育学院吗？
Lǎoshī: Xiě de shì guójì jiàoyù xuéyuàn ma?

莎莎：是教育学院。
Shāshā: Shì jiàoyù xuéyuàn.

老师：那可不行。教育学院是另外一个学院。
Lǎoshī: Nà kě bù xíng. Jiàoyù xuéyuàn shì lìngwài yí ge xuéyuàn.

莎莎：那您觉得我应该怎么办呢？
Shāshā: Nà nín juéde wǒ yīnggāi zěnme bàn ne?

老师： 去 学校 门口 的 收发室 问问 吧。
Lǎoshī： Qù xuéxiào ménkǒu de shōufāshì wènwen ba.

莎莎： 知道 了。谢谢 老师！
Shāshā： Zhīdào le. Xièxie lǎoshī!

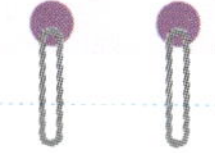

根据对话内容，回答下面的问题。Answer the following questions according to the dialogue.

1. 莎莎 遇到 了 什么 问题？
   Shāshā yùdào le shénme wèntí?
2. 老师 让 她 去 哪儿 找？
   Lǎoshī ràng tā qù nǎr zhǎo?
3. 莎莎 的 书 已经 寄 出来 多 长 时间 了？
   Shāshā de shū yǐjīng jì chūlai duō cháng shíjiān le?
4. 老师 担心 什么 写 错 了？
   Lǎoshī dānxīn shénme xiě cuò le?
5. 莎莎 写 错 了 吗？
   Shāshā xiě cuò le ma?
6. 现在 莎莎 应该 去 哪儿 找 她 的 东西？
   Xiànzài Shāshā yīnggāi qù nǎr zhǎo tā de dōngxi?

扫描二维码，跟同伴一起说一说。Scan the QR code, and talk about the questions with your partner.

朗读下面的短文，然后模仿短文说说自己丢东西的事情。Read the following passage aloud, then use the passage as a model to tell a story about a time when you lost something. 06-06

来 中国 以前，妈妈 跟 我 说过，做 事 不 要 马马虎虎 的，不
Lái Zhōngguó yǐqián, māma gēn wǒ shuōguo, zuò shì bú yào mǎmǎhuhu de, bù

能 太 着急。来到 这里 以后，我 丢过 书，也 丢过 笔。每 次 遇到
néng tài zháojí. Láidào zhèli yǐhòu, wǒ diūguo shū, yě diūguo bǐ. Měi cì yùdào

这样 的 事情，我 都 会 请 同学们 帮 我 找，最后 东西 都 找到
zhèyàng de shìqing, wǒ dōu huì qǐng tóngxuémen bāng wǒ zhǎo, zuìhòu dōngxi dōu zhǎodào

了。有 一 次，在 饭馆 吃完 饭，我 还 忘了 拿 手机，发现 以后 赶紧
le. Yǒu yí cì, zài fànguǎn chīwán fàn, wǒ hái wàngle ná shǒujī, fāxiàn yǐhòu gǎnjǐn

回去 找。那 时候，我 的 汉语 不 好，一 着急 就 说 不 清楚，差 点儿
huíqu zhǎo. Nà shíhou, wǒ de Hànyǔ bù hǎo, yì zháojí jiù shuō bu qīngchu, chà diǎnr

把 手机 丢 了。最后 还是 服务员 帮 我 找到 的。
bǎ shǒujī diū le. Zuìhòu háishì fúwùyuán bāng wǒ zhǎodào de.

你 丢过 东西 吗？是 怎么 找到 的？
Nǐ diūguo dōngxi ma? Shì zěnme zhǎodào de?

交际活动 Communication Activities

双人活动 Pair Work

一个初到中国留学的外国人，可能会遇到什么问题或困难？利用下面的表格准备一下，然后跟同伴说说你的看法。As a foreigner who just arrived in China to study, what problems or difficulties might he or she run into? Use the following table to prepare, then talk to your partner about your opinions.

Problems might run into	
Possible reasons	
What to do	

小组活动 Group Activity

1 三人一组，和同伴说一说你最近遇到的生活、学习上的问题。Work in groups of three. Tell your partner about the problems you run into recently in your life and study.

2 一起帮同伴出出主意，找一找解决问题的办法。Work together and brainstorm with your partner. Find solutions for the problems he/she runs into.

When brainstorming for your partner, remember to figure out expressions of satuations in Chinese.

全班活动 Full-Class Activity

四人一组，每人选择一幅图片，说说图中的问题和发生的原因，然后把四幅图片编成一个故事，讲给全班同学，同学们根据各组的故事，一起商量商量他们应该怎么办。Work in groups of four, each group member chooses one picture to talk about what is happening in the picture and why. Then the whole group compose a story based on your discussion and then present it to the class. The whole class discuss the solution to each group's story.

You can write down the words you can think of next to the pictures, then try to talk about what is happening in the picture.

课堂内外 Inside and Outside the Classroom

课后和你的同伴一起，根据下面的描述编一个故事，下次上课时给全班同学表演。Based on the following description, write a story after class. Then act out the story on the next class.

爸爸正要去幼儿园接孩子。路上遇到几个请他帮忙的人。他帮了他们，但是因为着急，有的人满意，有的人不满意。他赶到了幼儿园的时候，孩子已经哭了。回到家他的妻子很生气，他说明原因后会得到妻子的原谅吗？

When the father was on the way to pick up his son at the kindergarten, he ran into a few people who need help from him. He helped them, but because he was in a rush, some people were satisfied with his help, some weren't. When he finally got to the kindergarten, the son was crying. His wife is angry when he gets home. Will he be forgiven after he explains his reasons?

游戏：我做你猜 Game: Charades

一名学生从下面的词语中选择一个词语，通过动作表现出来，让其他同学猜。One student selects one of the following words, and acts it out with movements, while other students try to guess what it is.

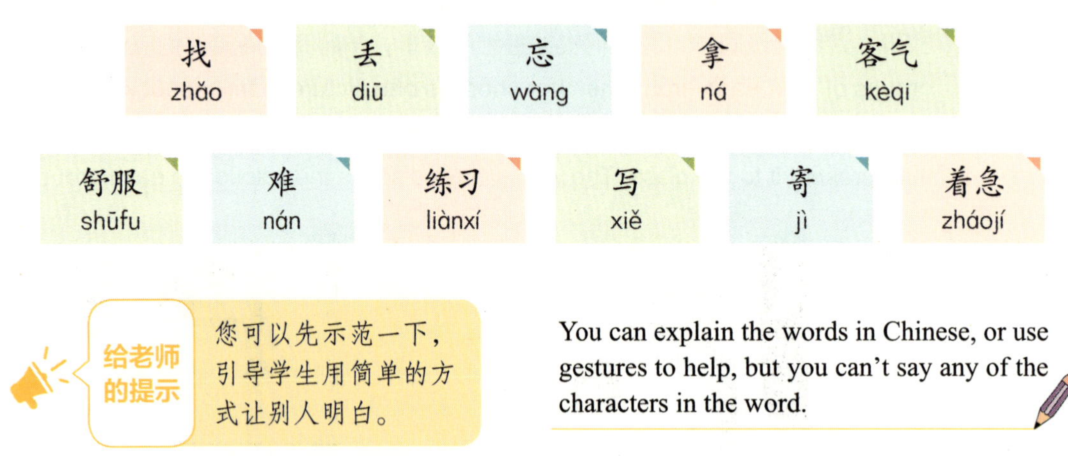

复习与总结 Review and Sum-Up

1. 在这一课你学会了什么？试着写出你记住的词语。What did you learn in this lesson? Try to write down the words you remember.

You can also write in *Pinyin*. 

2. 替换。Substitute.

① 能帮我 找找/看看/问问 吗？
Néng bāng wǒ zhǎozhǎo/kànkan/wènwen ma?

能帮我 Néng bāng wǒ	找找 zhǎozhǎo	吗？ ma?
	看看 kànkan	
	问问 wènwen	

② 好，说 练/做/走 就 练/做/走。

好，说 Hǎo, shuō	练 liàn	就 jiù	练 liàn	。.
	做 zuò		做 zuò	
	走 zǒu		走 zǒu	

③ 是不是 地址/名字/电话号码 写/写/记 错了？

是不是 Shì bu shì	地址 dìzhǐ	写 xiě	错了？ cuò le?
	名字 míngzi	写 xiě	
	电话号码 diànhuá hàomǎ	记 jì	

④ 大部分是 学过/喜欢/认识 的，可是我 记/吃/写 不 住/完/出来。

大部分是 Dàbùfen shì	学过 xuéguo	的，可是我 de, kěshì wǒ	记 jì	不 bu	住 zhù	。.
	喜欢 xǐhuan		吃 chī		完 wán	
	认识 rènshi		写 xiě		出来 chūlái	

3. 根据你的实际情况，用“左右”回答下面的问题。Based on your actual situation, use 左右 to answer the following questions.

① 平时你几点起床？
Píngshí nǐ jǐ diǎn qǐchuáng?

➡ ______________________________

② 你一般学习几个小时？
Nǐ yìbān xuéxí jǐ ge xiǎoshí?

➡ ______________________________

③ 你 每 天 看 多 长 时间 的 电视?
Nǐ měi tiān kàn duō cháng shíjiān de diànshì?

➡ --

④ 一般 你 从 宿舍 到 教室 要 走 多 长 时间?
Yìbān nǐ cóng sùshè dào jiàoshì yào zǒu duō cháng shíjiān?

➡ --

5. 遇到问题或困难的时，你会用汉语求助了吗？你学会了哪些求助时常用的句子？根据下面的提示复习一下。When you run into problems or difficulties, can you ask for help in Chinese? Have you grasped the common expressions to ask for help? Use the following hints to review.

You lost something, hope someone to help you find it.

You are in a hurry, hope other person can hurry up.

You don't have a solution, hope someone else can help you.

Your stuff is broken, look for someone to fix it.

You don't want to go somewhere alone, hope your friend can accompany you.

复习一
Fùxí Yī

Review 1

语言练习 Language Practice

1 选词填空。Choose the appropriate words to fill in the blanks.

咱们	会	帮助	才	要	我们	帮忙	就	想	能	给
zánmen	huì	bāngzhù	cái	yào	wǒmen	bāngmáng	jiù	xiǎng	néng	gěi

1. 你在这儿等一会儿吧，他马上就来，＿＿＿＿先走了。
   Nǐ zài zhèr děng yíhuìr ba, tā mǎshàng jiù lái, ＿＿＿＿ xiān zǒu le.
2. ＿＿＿＿别去了，他们已经要回来了。
   ＿＿＿＿ bié qù le, tāmen yǐjīng yào huílai le.
3. 她很忙，可是她经常＿＿＿＿我。
   Tā hěn máng, kěshì tā jīngcháng ＿＿＿＿ wǒ.
4. 他是我的朋友，＿＿＿＿了我很多＿＿＿＿。
   Tā shì wǒ de péngyou, ＿＿＿＿ le wǒ hěn duō ＿＿＿＿.
5. 她的身体不舒服，不＿＿＿＿吃饭。
   Tā de shēntǐ bù shūfu, bù ＿＿＿＿ chīfàn.
6. 今天我有事，你＿＿＿＿帮我请假吗？
   Jīntiān wǒ yǒu shì, nǐ ＿＿＿＿ bāng wǒ qǐngjià ma?
7. 我三点刚吃过饭，现在不＿＿＿＿吃。
   Wǒ sān diǎn gāng chīguo fàn, xiànzài bù ＿＿＿＿ chī.
8. 少吃一点儿甜的东西，不＿＿＿＿胖的。
   Shǎo chī yìdiǎnr tián de dōngxi, bù ＿＿＿＿ pàng de.
9. 8点上课，你怎么9点＿＿＿＿来，我7点半＿＿＿＿来了。
   Bā diǎn shàngkè, nǐ zěnme jiǔ diǎn ＿＿＿＿ lái, wǒ qī diǎn bàn ＿＿＿＿ lái le.
10. 她＿＿＿＿学了一年汉语，＿＿＿＿说得这么好！
    Tā ＿＿＿＿ xuéle yì nián Hànyǔ, ＿＿＿＿ shuō de zhème hǎo!

2 用所给词语完成下面的句子。Use the given words to complete the following sentences.

虽然
suīrán

1 ______，但是 汉语 说 得 不 好。
， dànshì Hànyǔ shuō de bù hǎo.

2 ______，但是 他 很 了解 中国。
， dànshì tā hěn liǎojiě Zhōngguó.

关于
guānyú

3 ______，所以 知道 很 多 中国 的 事情。
， suǒyǐ zhīdào hěn duō Zhōngguó de shìqing.

4 ______，你 可以 问问 老师。
， nǐ kěyǐ wènwen lǎoshī.

只要……就……
zhǐyào ... jiù ...

5 我 有 一点儿 头疼，______。
Wǒ yǒu yìdiǎnr tóuténg, ______.

6 学习 汉字，______。
Xuéxí Hànzì, ______.

可是
kěshì

7 很 多 人 都 说 学 汉语 很 难，______。
Hěn duō rén dōu shuō xué Hànyǔ hěn nán, ______.

8 我 昨天 告诉 他 了，______。
Wǒ zuótiān gàosu tā le, ______.

还是
háishì

9 今天 天气 不 太 好，______。
Jīntiān tiānqì bú tài hǎo, ______.

10 这 件 衣服 虽然 好看，但是 太 贵 了。______。
Zhè jiàn yīfu suīrán hǎokàn, dànshì tài guì le. ______.

相当
xiāngdāng

11 ______给 你 当 翻译 没 问题。
gěi nǐ dāng fānyì méi wèntí.

12 还是 坐 地铁 去 吧，＿＿＿＿＿＿＿＿＿＿＿＿＿＿＿＿。
Háishì zuò dìtiě qù ba, ＿＿＿＿＿＿＿＿＿＿＿＿＿＿＿＿.

差点儿
chàdiǎnr

13 还 有 5 分钟 就 要 上课 了，＿＿＿＿＿＿＿＿＿＿＿＿＿＿＿＿。
Hái yǒu wǔ fēnzhōng jiù yào shàngkè le, ＿＿＿＿＿＿＿＿＿＿＿＿＿＿＿＿.

14 老师 说 下午 不 上课，你 别 去 教室 了。＿＿＿＿＿＿＿＿＿＿＿＿＿＿＿＿。
Lǎoshī shuō xiàwǔ bú shàngkè, nǐ bié qù jiàoshì le. ＿＿＿＿＿＿＿＿＿＿＿＿＿＿＿＿.

看来
kànlái

15 ＿＿＿＿＿＿＿＿＿＿＿＿＿＿＿＿，咱们 俩 去 吧。
＿＿＿＿＿＿＿＿＿＿＿＿＿＿＿＿, zánmen liǎ qù ba.

16 ＿＿＿＿＿＿＿＿＿＿＿＿＿＿＿＿，那 我 去 问问 别 的 同学 吧。
＿＿＿＿＿＿＿＿＿＿＿＿＿＿＿＿, nà wǒ qù wènwen bié de tóngxué ba.

活动 Activities

1 先看看下面的几幅图片，从中选择一张给你的同伴介绍，但不要告诉他是哪一幅，让他听完你的介绍后指出是哪一幅。Look at the following pictures, select one and introduce it to your partner, but don't tell him or her which picture you chose. Have your partner point out which picture you described after you introduced the picture.

Your partner don't know which picture it is, so you might have to be more specific when explaining the picture.

1

2

3

4

2 三人一组，先把你们知道的蔬菜都写在小纸条上，越多越好。然后把小纸条翻过去放在一起，每人抽两个，并用这两种蔬菜说一个菜名。比如抽到“茄子”“西红柿”，可以说“西红柿炒茄子”。Work in groups of three. Write as many types of vegetables as possible on small notes. Then put the notes upside down, each person picks two of them, and says one dish name combining the two vegetables. For example, if you get 茄子 and 西红柿, you may say 西红柿炒茄子.

3 猜词语比赛。Words guessing competition.

老师将词语做成卡片。学生两人一组，一个人表演、一个人猜，看哪一组猜出的词语最多。The teacher selects some words to make word card. Students work in pairs, one acts out the words, and the other guesses. See which team can guess most words.

You may use body language, but we strongly suggest you use the Chinese expressions you have learned in class. You shall not say the words that are supposed to be guessed.

给老师的提示 您可以事先准备好词语卡片，也可以让学生们一起准备。尽量不要选择那些意思抽象的词语。

购物 gòuwù	停车场 tíngchēchǎng	旅游 lǚyóu	袜子 wàzi
运动鞋 yùndòngxié	帽子 màozi	牛仔裤 niúzǎikù	试衣间 shìyījiān
壶 hú	饿 è	鱼 yú	肉 ròu
做饭 zuòfàn	商场 shāngchǎng	交通 jiāotōng	起飞 qǐfēi
出租车 chūzūchē	骑车 qíchē	外衣 wàiyī	名牌 míngpái

短剧表演 Skits

将全班分成三组，抽签选择短剧的内容。小组成员一起商量短剧怎么演，每个人应该说什么话，准备好以后给大家表演。Divide the whole class into three teams. Randomly draw a note card to determine the scenario of your group's skit. Plan out your skit with your team, and perform it in the class.

1 有个留学生因为听不懂汉语，乘车时遇到了很多问题，最后他选择打车，可是还是说不明白。
An international student doesn't understand Chinese, so he runs into a lot of problems when he takes a bus. He eventually decides to take a taxi, but he still can't get understood.

2 有个留学生为了学习汉语、练习口语，去卖水果的地方和摊主聊天儿，摊主一直想办法卖给他水果，但是他一直不买。
An international student wants to learn and practice oral Chinese, so he goes to talk to the vendor at a fruit stand. The vendor keeps trying to sell him fruits, but he just doesn't buy any.

3 有个留学生每次去饭馆吃饭都点西红柿炒鸡蛋，今天她想换一种菜尝尝，所以问服务员，可是服务员还是给她介绍了西红柿炒鸡蛋。
An international student orders stir-fried eggs with tomato every time she goes to a restaurant. Today she wanted to try a new dish, so she asked the waiter, the waiter recommended the stir-fried tomato and scrambled eggs again.

您还可以根据学生兴趣增加短剧内容。

评价表 Scoring Sheet

My team's performance	A	B	C	D	E
My performance	A	B	C	D	E
The best team	Team 1		Team 2		Team 3
The best performers	1		2		3

Use the table above to rate your and your team's performance as well as other teams' performances.

等级	语音	语法和词汇	表达的流利性	合作情况
优	发音较准确	基本没有错误	语速适当，非常流利	能经常提示或帮助他人回答
良	发音基本标准，有些小问题	偶尔有失误	语速适当，但有不该有的停顿	偶尔能提醒对方
中	发音问题较多，但有控制	语法词汇错误较多，但有控制	停顿较多，句子总量不够	基本没有主动参与的意识
差	发音问题严重，影响交流	缺乏语法控制能力，词汇错误较多	对语速没有控制，结结巴巴	完全不能参与到活动中

给老师的提示　您可以利用这个表格对各组表现进行评价。

第7课 真抱歉！

Zhēn bàoqiàn!

I'm so sorry!

目标 Objectives

1. 复习询问和介绍生活习惯。Review to ask and introduce living habits.
2. 复习提建议和邀请的常用语句。Review the common expressions to give suggestions and invitations.
3. 学会发出较正式的邀请和婉言谢绝。Learn to give formal invitations and polite decline.
4. 学会道歉的常用语句。Learn the common expressions for apology.

准备 Preparation

1 利用下面的表格，检查一下你自己的生活习惯。然后和同伴一起看看你们有没有不好的习惯。针对不好的习惯，给同伴提个建议，并邀请他做一件有意义的事情。Use the following table to check your living habits. Talk with your partner about the bad habits if you have any. Give your partner some suggestions according to his/her bad habits, and invite him/her to do something meaningful.

	Time or activity	
	Weekdays	Weekends
起床 qǐchuáng		
早饭 zǎofàn		
午饭 wǔfàn		
晚饭 wǎnfàn		
睡觉 shuìjiào		
运动 yùndòng		

2 看图片，想想在这些情况下我们应该做什么、说什么。Look at the pictures, and think about what we should do or say in the following situations.

您可以利用图片提问，使学生注意道歉在生活中的重要性。

3 和同伴一起说说哪些情况应该道歉。Discuss with your partner about what situations require apology.

词语 Vocabulary 07-01

锻炼 duànliàn to exercise	广场舞 guǎngchǎngwǔ square dance	闹钟 nàozhōng alarm	响 xiǎng to ring	
蛋糕 dàngāo cake	油腻 yóunì greasy	长 zhǎng to gain, to grow	瘦 shòu thin, skinny	
改天 gǎitiān another day	请客 qǐngkè to treat	一言为定 yìyán-wéidìng it's a deal		
生气 shēngqì angry	脸色 liǎnsè look	原谅 yuánliàng to forgive		
（睡）着 (shuì) zháo to fall (asleep)	午觉 wǔjiào nap	让 ràng to let	外国人 wàiguórén foreigner	事情 shìqing thing
实在 shízài really	特 tè especially	爱 ài to love		

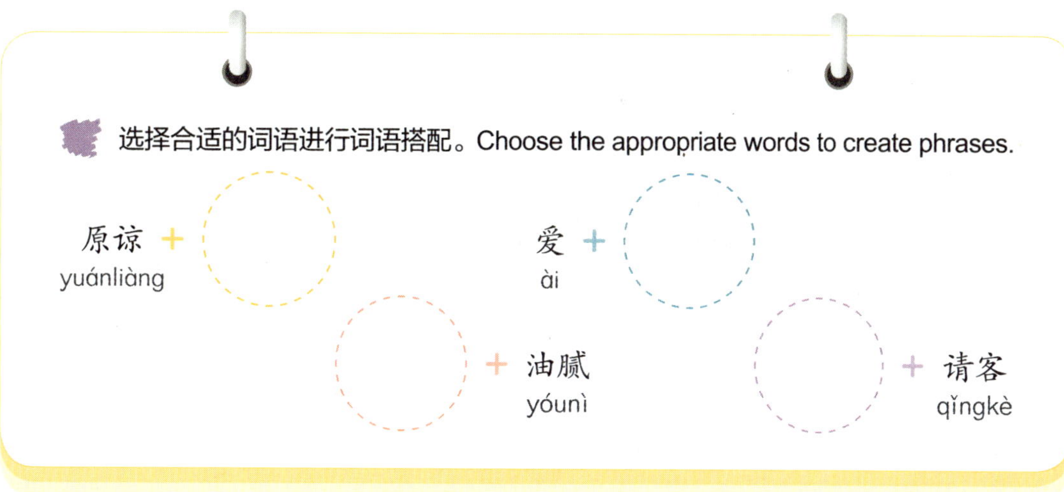

句子 Sentences

1 听录音，填词语，然后朗读句子。Listen to the recording and fill in the blanks. Then read the sentences aloud. 07-02

1. 真 ________！那么早我可能起不来。
   Zhēn ________! Nàme zǎo wǒ kěnéng qǐ bu lái.
2. 晚上我请你去酒吧 ________？
   Wǎnshang wǒ qǐng nǐ qù jiǔbā ________?
3. 今天我不太舒服，________ 我请你。
   Jīntiān wǒ bú tài shūfu, ________ wǒ qǐng nǐ.
4. 那怎么办呢？你有什么好 ________？
   Nà zěnme bàn ne? Nǐ yǒu shénme hǎo ________?
5. 我很想去，可是这个周末我已经 ________ 了。
   Wǒ hěn xiǎng qù, kěshì zhège zhōumò wǒ yǐjīng ________ le.
6. 咱们还是一起去 ________ 吧！
   Zánmen háishi yìqǐ qù ________ ba!
7. 我今天还有 ________ 要做，下次吧。
   Wǒ jīntiān hái yǒu ________ yào zuò, xià cì ba.
8. 对不起，我来 ________ 了。
   Duìbuqǐ, wǒ lái ________ le.
9. 我不是 ________，是起不来。
   Wǒ bú shì ________, shì qǐ bu lái.
10. 请 ________ 我这一次，我下次一定 ________。
    Qǐng ________ wǒ zhè yí cì, wǒ xiàcì yídìng ________.

2 看图片，跟同伴一起说说图片中的人可能在说什么。Look at the pictures, and discuss with your partner what the people in the pictures might be saying.

3 和同伴一起，选择合适的句子完成对话。Use the appropriate sentences to complete the conversations with your partner.

1. A：明天 早上 6 点 起床 吧？ B：________________。
   Míngtiān zǎoshang liù diǎn qǐchuáng ba?

2. A：叫上 山下，咱们 一起 去 跑步 吧？ B：________________。
   Jiàoshang Shānxià, zánmen yìqǐ qù pǎobù ba?

3. A：你 每 天 都 睡 懒觉 吗？ B：________________。
   Nǐ měi tiān dōu shuì lǎnjiào ma?

4. A：你 怎么 又 来 晚 了？ B：________________。
   Nǐ zěnme yòu lái wǎn le?

对话 1 Dialogue 1 07-03

At Chun Hyang's dorm.

春香：李 红，你 每 天 几 点 起床？
Chūnxiāng: Lǐ Hóng, nǐ měi tiān jǐ diǎn qǐchuáng?

李 红：周一 到 周五 是 6 点 半，周末 8 点 左右。
Lǐ Hóng: Zhōuyī dào Zhōuwǔ shì liù diǎn bàn, zhōumò bā diǎn zuǒyòu.

春香：那么 早 起来 干 什么？
Chūnxiāng: Nàme zǎo qǐlai gàn shénme?

李 红：锻炼 身体 呀！我 平时 打 太极拳，周末 和
Lǐ Hóng: Duànliàn shēntǐ ya! Wǒ píngshí dǎ tàijíquán, zhōumò hé

妈妈一起去 公园 跳 广场舞[1]。
māma yìqǐ qù gōngyuán tiào guǎngchǎngwǔ.

春香：我也很想学太极拳和 广场舞。
Chūnxiāng: Wǒ yě hěn xiǎng xué tàijíquán hé guǎngchǎngwǔ.

李红：那你跟我一起去吧。
Lǐ Hóng: Nà nǐ gēn wǒ yìqǐ qù ba.

春香：太早了吧？要是冬天的话，天还没亮呢。
Chūnxiāng: Tài zǎo le ba? Yàoshi dōngtiān de huà, tiān hái méi liàng ne.

李红：是早了点儿。习惯了就好了。
Lǐ Hóng: Shì zǎole diǎnr. Xíguànle jiù hǎo le.

春香：早晨 公园里人多吗？
Chūnxiāng: Zǎochen gōngyuán li rén duō ma?

李红：不少，大部分是老人。
Lǐ Hóng: Bù shǎo, dàbùfen shì lǎorén.

春香：有外国人吗？
Chūnxiāng: Yǒu wàiguórén ma?

李红：等你去了[2]，就有了。要不[3]你周六和我们一起去吧？
Lǐ Hóng: Děng nǐ qù le, jiù yǒu le. Yàobù nǐ Zhōuliù hé wǒmen yìqǐ qù ba?

春香：真抱歉！那么早我可能起不来。
Chūnxiāng: Zhēn bàoqiàn! Nàme zǎo wǒ kěnéng qǐ bu lái.

李红：你晚一点儿来，我在 公园 等你。
Lǐ Hóng: Nǐ wǎn yìdiǎnr lái, wǒ zài gōngyuán děng nǐ.

春香：好的。
Chūnxiāng: Hǎode.

根据对话内容，回答下面的问题。Answer the following questions according to the dialogue.

1. 李 红 每 天 几 点 起床？
Lǐ Hóng měi tiān jǐ diǎn qǐchuáng?

2. 她 为 什么 那么 早 起床？
Tā wèi shénme nàme zǎo qǐchuáng?

3. 春香 能 跟 李 红 一起 去 公园 吗？ 为 什么？
Chūnxiāng néng gēn Lǐ Hóng yìqǐ qù gōngyuán ma? Wèi shénme?

4. 早晨 公园 里 人 多 吗？
Zǎochen gōngyuán li rén duō ma?

5. 早晨 公园 里 有 外国人 吗？
Zǎochen gōngyuán li yǒu wàiguórén ma?

6. 李 红 是 怎样 邀请 春香 的？
Lǐ Hóng shì zěnyàng yāoqǐng chūnxiāng de?

7. 春香 是 怎么 回答 的？
Chūnxiāng shì zěnme huídá de?

扫描二维码，跟同伴一起说一说。Scan the QR code, and talk about the questions with your partner.

对话 2 Dialogue 2 07-04

In front of the teaching building.

马修： 山下， 晚上 我 请 你 去 酒吧 喝 一 杯？
Mǎxiū: Shānxià, Wǎnshang wǒ qǐng nǐ qù jiǔbā hē yì bēi?

山下： 可是 今天 我 身体 不 太 舒服， 改天[①] 我 请 你。
Shānxià: Kěshì jīntiān wǒ shēntǐ bú tài shūfu, gǎitiān wǒ qǐng nǐ.

马修：你的脸色不太好，怎么了？
Mǎxiū: Nǐ de liǎnsè bú tài hǎo, zěnme le?

语言贴士

山下：最近我晚上经常睡不着[②]。
Shānxià: Zuìjìn wǒ wǎnshang jīngcháng shuì bu zháo.

马修：那你中午别睡午觉了。
Mǎxiū: Nà nǐ zhōngwǔ bié shuì wǔjiào le.

山下：可是来中国以后，我已经习惯睡午觉了。
Shānxià: Kěshì lái Zhōngguó yǐhòu, wǒ yǐjīng xíguàn shuì wǔjiào le.

马修：中午不睡，晚上就能睡着了。
Mǎxiū: Zhōngwǔ bú shuì, wǎnshang jiù néng shuìzháo le.

山下：很多人都这样说，明天我试试。
Shānxià: Hěn duō rén dōu zhèyàng shuō, míngtiān wǒ shìshi.

马修：睡不着的时候你干什么呢？
Mǎxiū: Shuì bu zháo de shíhou nǐ gàn shénme ne?

山下：实在睡不着，我就起来喝点儿酒。
Shānxià: Shízài shuì bu zháo, wǒ jiù qǐlai hē diǎnr jiǔ.

马修：酒喝多了对身体不好。
Mǎxiū: Jiǔ hē duōle duì shēntǐ bù hǎo.

山下：那怎么办呢？你有什么好主意？
Shānxià: Nà zěnme bàn ne? Nǐ yǒu shénme hǎo zhǔyi?

马修：我看[③]你应该多运动。
Mǎxiū: Wǒ kàn nǐ yīnggāi duō yùndòng.

山下：有道理，周末咱们一起去爬山吧？
Shānxià: Yǒu dàolǐ, zhōumò zánmen yìqǐ qù páshān ba?

马修：我很想去，可是这个周末我已经有约[④]了。
Mǎxiū: Wǒ hěn xiǎng qù, kěshì zhège zhōumò wǒ yǐjīng yǒu yuē le.

山下：那改天吧。
Shānxià: Nà gǎitiān ba.

根据对话内容，和同伴说说山下的生活习惯问题和马修的建议。Talk about Yamashita's problems of his living habits and Matthew's suggestions according to the dialogue.

Yamashita's problems	Matthew's suggestions
① 他 晚上 经常 睡不着。 Tā wǎnshang jīngcháng shuì bu zháo.	
② 他 睡 不 着 就 起来 喝 酒。 Tā shuì bu zháo jiù qǐlai hē jiǔ.	

扫描二维码，跟同伴一起说一说。Scan the QR code, and talk about the questions with your partner.

对话 3 Dialogue 3 07-05

At Li Hong's dorm.

语言贴士

李 红：怎么 办？我 又 胖了 两 斤。
Lǐ Hóng: Zěnme bàn? Wǒ yòu pàngle liǎng jīn.

莎莎：听说 你 每 天 都 运动，怎么 会 长 胖 呢？
Shāshā: Tīngshuō nǐ měi tiān dōu yùndòng, zěnme huì zhǎng pàng ne?

春香：可能 你 吃的 中国 菜 太 油腻 了，我 也 胖 了。
Chūnxiāng: Kěnéng nǐ chīde Zhōngguó cài tài yóunì le, wǒ yě pàng le.

李 红：我 倒是① 不 太 爱 吃 肉，可是 特 爱 吃 甜 的。
Lǐ Hóng: Wǒ dàoshì bú tài ài chī ròu, kěshì tè ài chī tián de.

莎莎：我 也 喜欢 甜 的，特别 是 蛋糕。
Shāshā: Wǒ yě xǐhuan tián de, tèbié shì dàngāo.

春香：你 这么 瘦，多 吃 点儿 甜 的 没 关系。
Chūnxiāng: Nǐ zhème shòu, duō chī diǎnr tián de méi guānxi.

李红：你 一 说 我 也 想 吃 蛋糕 了，一起 去 超市 吧？
Lǐ Hóng: Nǐ yì shuō wǒ yě xiǎng chī dàngāo le, yìqǐ qù chāoshì ba?

莎莎：好的。春香，你 也 一起 去 吧！
Shāshā: hǎode. Chūnxiāng, nǐ yě yìqǐ qù ba!

春香：我 现在 要 去 运动。咱们 还是 一起 去 运动 吧！
Chūnxiāng: Wǒ xiànzài yào qù yùndòng. Zánmen háishi yìqǐ qù yùndòng ba!

李红：真 抱歉！我 不 想 去。莎莎，你 呢？
Lǐ Hóng: Zhēn bàoqiàn! Wǒ bù xiǎng qù. Shāshā, nǐ ne?

莎莎：我 今天 还 有 别 的 事情 要 做，下 次 吧。
Shāshā: Wǒ jīntiān hái yǒu bié de shìqing yào zuò, xià cì ba.

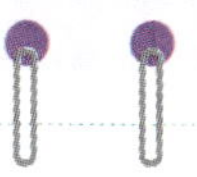

根据对话内容填空，然后试着复述对话。Fill in the blanks according to the dialogue. Then try to retell the dialogue.

李红 每 天 都 运动，可是 ① ________，春香 觉得 ② ________。李 红 告诉 她，自己 ③ ________。莎莎 也 爱 吃 ④ ________，可是 ⑤ ________。现在 李 红 想 去

Lǐ Hóng měi tiān dōu yùndòng, kěshì ________, Chūnxiāng juéde ________. Lǐ Hóng gàosu tā, zìjǐ ________. Shāshā yě ài chī ________, kěshì ________. Xiànzài Lǐ Hóng xiǎng qù

⑥ ________，莎莎 ⑦ ________，
________, Shāshā ________,

春香 ⑧ ________。
Chūnxiāng ________.

扫描二维码，跟同伴一起说一说。Scan the QR code, and talk about the questions with your partner.

对话 4 Dialogue 4 07-06

In the restaurant.

语言贴士

乔丹：对不起，我来晚了。
Qiáodān: Duìbuqǐ, wǒ lái wǎn le.

莎莎：你又睡懒觉了吧？
Shāshā: Nǐ yòu shuì lǎnjiào le ba?

乔丹：我不是睡懒觉，是①起不来。
Qiáodān: Wǒ bú shì shuì lǎnjiào, shì qǐ bu lái.

莎莎：还说不是，现在都快12点半了。
Shāshā: Hái shuō bú shì, xiànzài dōu kuài shí'èr diǎn bàn le.

乔丹：我昨天晚上快三点才睡觉。我上②了闹钟，可是没响。
Qiáodān: Wǒ zuótiān wǎnshang kuài sān diǎn cái shuìjiào. Wǒ shàngle nàozhōng, kěshì méi xiǎng.

莎莎：不是没响，是你没听到吧？
Shāshā: Bú shì méi xiǎng, shì nǐ méi tīngdào ba?

乔丹：不好意思，这 种 情况 也是有的。
Qiáodān: bù hǎoyìsi, zhè zhǒng qíngkuàng yě shì yǒu de.

莎莎：那也不 能 迟到 啊！让 我们 大家 等 你 一个 人。
Shāshā: Nà yě bù néng chídào a! Ràng wǒmen dàjiā děng nǐ yí ge rén.

乔丹：莎莎，别 生气 了。
Qiáodān: Shāshā, bié shēngqì le.

莎莎：我 不 是 生气，是 很 生气。
Shāshā: Wǒ bú shì shēngqì, shì hěn shēngqì.

乔丹：真 的 对不起！请 原谅 我 这 一 次，我 下 次 一定 注意。
Qiáodān: Zhēn de duìbuqǐ! Qǐng yuánliàng wǒ zhè yí cì, wǒ xià cì yídìng zhùyì.

莎莎：没有 下 一 次 了。
Shāshā: Méiyǒu xià yí cì le.

乔丹：这样 吧，今天 中午 我 请客。
Qiáodān: Zhèyàng ba, jīntiān zhōngwǔ wǒ qǐngkè.

莎莎：那 一言为定！
Shāshā: Nà yìyán-wéidìng!

根据对话内容，回答下面的问题。Answer the following questions according to the dialogue.

1. 乔丹 为 什么 来 晚 了？
   Qiáodān wèi shénme lái wǎn le?
2. 昨天 晚上 乔丹 几 点 才 睡觉？
   Zuótiān wǎnshang Qiáodān jǐ diǎn cái shuìjiào?
3. 莎莎 生气了 吗？
   Shāshā shēngqìle ma?
4. 乔丹 道歉（apologize）时 说了 什么？
   Qiáodān dàoqiàn shí shuōle shénme?
5. 乔丹 为 什么 要 请客？
   Qiáodān wèi shénme yào qǐngkè?

扫描二维码，跟同伴一起说一说。Scan the QR code, and talk about the questions with your partner.

朗读下面的短文，然后模仿短文说说你和你朋友的事情。Read the following short passage aloud, then use the passage as a model to talk about similar incidences that happened between you and your friends. 07-07

和 朋友们 约好了 12 点 在 饭馆儿 一起 吃饭，就 应该 12
Hé péngyoumen yuēhǎole shí'èr diǎn zài fànguǎnr yìqǐ chīfàn, jiù yīnggāi shí'èr
点 以前 到 饭馆儿。可是，乔丹 快 12 点 半 才 来，我 和 山下 有
diǎn yǐqián dào fànguǎnr. Kěshì, Qiáodān kuài shí'èr diǎn bàn cái lái, wǒ hé Shānxià yǒu
点儿 不 高兴，因为 我们 都 饿 了。乔丹 说了 三 次“对不起”，
diǎnr bù gāoxìng, yīnwèi wǒmen dōu è le. Qiáodān shuōle sān cì “duìbuqǐ”,
他 还 说“下 次 一定 注意”。我们 觉得 乔丹 下 一 次 一定 不 会
tā hái shuō “xià cì yídìng zhùyì”. Wǒmen juéde Qiáodān xià yí cì yídìng bú huì
迟到 了，就 原谅了 他。
chídào le, jiù yuánliàngle tā.

交际活动 Communication Activities

双人活动 Pair Work

和同伴一起利用下面的表格准备一下，然后做邀请和婉言谢绝的对话练习。Prepare with your partner using the following table, then practice conversations to give invitations and politely decline.

Situations	How to invite?	How to politely decline?
1 Watching a movie on Friday		
2 Eating at your place on Saturday		
3 Visiting a museum on Sunday		
4 Traveling together		

您可以提醒学生注意，有时需要较为正式的邀请。

小组活动 Group Activity

1 如果下一周是假期，你打算怎么安排你的时间？先各自填好下面的表格。If next Monday is a holiday, what would you plan to do? First fill out the following table on your own.

You may choose from the following activities. 

看电影 kàn diànyǐng　逛街 guàngjiē　爬山 páshān　游泳 yóuyǒng　打篮球 dǎ lánqiú　吃饭 chīfàn

	星期一 Xīngqīyī	星期二 Xīngqī'èr	星期三 Xīngqīsān	星期四 Xīngqīsì	星期五 Xīngqīwǔ	星期六 Xīngqīliù	星期日 Xīngqīrì
上午 shàngwǔ							
下午 xiàwǔ							
晚上 wǎnshang							

2 三一四人一组，每人从你的表格中找两项你最喜欢的活动，邀请你的同伴，看看谁愿意接受邀请和你一起去。Work in groups of three or four. Each person selects two of your favorite activities from the table, invite your group members to join, and see which of them are willing to accept your invitation and go.

If you don't want to accept the invitation from other person, you should try to reject them politely even if you have time.

全班活动 Full-Class Activity

针对下面的几种情况，全班一起交流一下你们的看法。Based on the following few situations, talk about your opinions with the class.

① 小红每次约会都会故意迟到半小时左右，但是从来不道歉。你认为她这样做好吗？给她一点儿建议。
Xiaohong is always intentionally late for about half an hour to each date, but she never apologizes. Do you think what she does appropriate? Give her some suggestions.

② 小红今天起晚了，上课迟到了 5 分钟。你认为她进教室的时候应该说什么？
Xiaohong gets up late this morning, she is late to class for about 5 minutes. What do you think she should say when she walks into the classroom?

③ 小王因为走路太快碰到了对面过来的人，你认为他应该道歉吗？应该说什么？
Wang bumps into someone walking towards him because he is walking too fast. Do you think he should apologize? What should he say?

④ 小王跟朋友约好了在电影院门口见，但是他突然有急事没去成，也没告诉朋友。朋友非常生气。你认为他应该怎么向朋友道歉？
Wang promised to meet his friend in front of the movie theater. However, he has an emergency so that he can't make it, and he forgets to tell his friend. The friend is very angry. How do you think he should apologize to the friend?

You can add some situations that happened in your life.

课堂内外 Inside and Outside the Classroom

1 课后找一个中国朋友聊一聊你生活中关于道歉的那些事，比较一下你们的做法有什么不同。After class, talk with a Chinese friend about the stories related to apologies in your life. Compare the ways you handled the situations.

2 最近你有什么出游计划？试着邀请你的朋友一起去。Do you have any upcoming travel plans? Try to invite your friends to travel with you.

复习与总结
Review and Sum-Up

1. 在这一课你学会了什么？试着写出你记住的词语。What did you learn in this lesson? Try to write down the words you remember.

You can also write in *Pinyin*. 

2. 替换。Substitute.

①

晚上 Wǎnshang	我 请 你 wǒ qǐng nǐ	去 酒吧 喝 一 杯 qù jiǔbā hē yì bēi	？ ?
明天 Míngtiān		看 电影 kàn diànyǐng	
中午 Zhōngwǔ		吃饭 chīfàn	

②

今天 我 Jīntiān wǒ	身体 不 太 舒服 shēntǐ bú tài shūfu	，改天 我 请 你。 , gǎitiān wǒ qǐng nǐ.
	不 想 吃饭 bù xiǎng chīfàn	
	去 不 了 qù bu liǎo	

③

你 的 脸色 不 太 好 Nǐ de liǎnsè bú tài hǎo	，怎么 了？ , zěnme le?
你 的 朋友 Nǐ de péngyou	
你 的 手机 Nǐ de shǒujī	

3. 根据句子的意思，用“我看”提醒朋友。Based on the meaning of the sentences, use 我看 to remind your friends.

1 Your friend looks tired, he needs some rest.

➡ ____

2 Tell your friend it's good to get there early, it's not good to be late.

➡ ____

3 Tell your friend to bring an umbrella, it might rain.

➡ ____

4. 用“不是……，是……”完成下面的对话。Use 不是……，是…… to complete the following conversations.

1 A：你 怎么 不 敢 告诉 他？ B：____________________。 不 知道
Nǐ zěnme bù gǎn gàosu tā? bù zhīdào

2 A：你 不 喜欢 吃 就 别 吃 了。 B：____________________。 不 舒服
Nǐ bù xǐhuan chī jiù bié chī le. bù shūfu

3 A：听说 你 不 喜欢 旅行？ B：____________________。 没有 钱
Tīngshuō nǐ bù xǐhuan lǚxíng? méiyǒu qián

4 A：你 没 学过 汉语 吗？ B：____________________。 忘
Nǐ méi xuéguo Hànyǔ ma? wàng

5. 你学会提建议的了吗？学会了哪些邀请别人时可以说的话？做错了事情你会道歉了吗？根据下面的提示复习一下。Can you give suggestions now? Have you grasped the sentences to invite others? Do you know how to apologize when you do something wrong? Use the following hints to review.

Formal invitation

Accepting invitation

Declining invitation

Apologizing

第8课 我可以换一个房间吗？

Wǒ kěyǐ huàn yí ge fángjiān ma?

Can I change a room?

目标 Objectives

1. 复习打电话和提要求的常用语句。Review the common expressions for phone calls and making requests.
2. 学会提出服务要求。Learn to make requests for service.
3. 学会订房间、退房时的常用语句。Learn the common expressions for booking and checking out hotel rooms.
4. 学会表达自己的不满。Learn to express your dissatisfaction.

准备 Preparation

1 总结一下用汉语打电话的常用语。Summarize the common sentences for phone calls in Chinese.

Situations	What to say?
① Start calling	
② Pick up the phone	
③ Self-introduction	
④ Finish the call	

2 利用下面的表格准备一下，然后用“请……”和“……，可以吗？”提要求。Prepare with the following table, then use 请…… and ……，可以吗？to make requests.

Situations	What to say?
① Don't know how to get to the post office.	
② Forget to bring a dictionary.	
③ Ask someone to buy bread for you.	
④ Want to taste the food before you buy it.	

3 看看下面的情况想一想，如果是你，你打电话的时候会怎么说。Read the following situations, think about what would you say if you were making the phone call.

1 There is a problem you want to ask your teacher. When you call the teacher, the person who answers the call is not your teacher.

2 You call your room to look for your roommate, but the person who answers the call is not your roommate.

4 两人一组，按照上面的情况进行对话练习。Works in pairs, and practice conversation according to the situations above.

词语 Vocabulary 08-01

客人	订	标准间	三人间
kèrén	dìng	biāozhǔnjiān	sānrénjiān
guest	to book	standard room	triple room

总台	手续	服务	叫醒 服务	早餐	蚊子	蚊香
zǒngtái	shǒuxù	fúwù	jiàoxǐng fúwù	zǎocān	wénzi	wénxiāng
front desk	formality	to serve	wake-up call service	breakfast	mosquito	mosquito coil

热闹	吵	受	安静
rè'nao	chǎo	shòu	ānjìng
lively	noisy	to bear	quiet

押金	退
yājīn	tuì
deposit	to withdraw

海	辆
hǎi	liàng
ocean	*measure word* (used for vehicles)

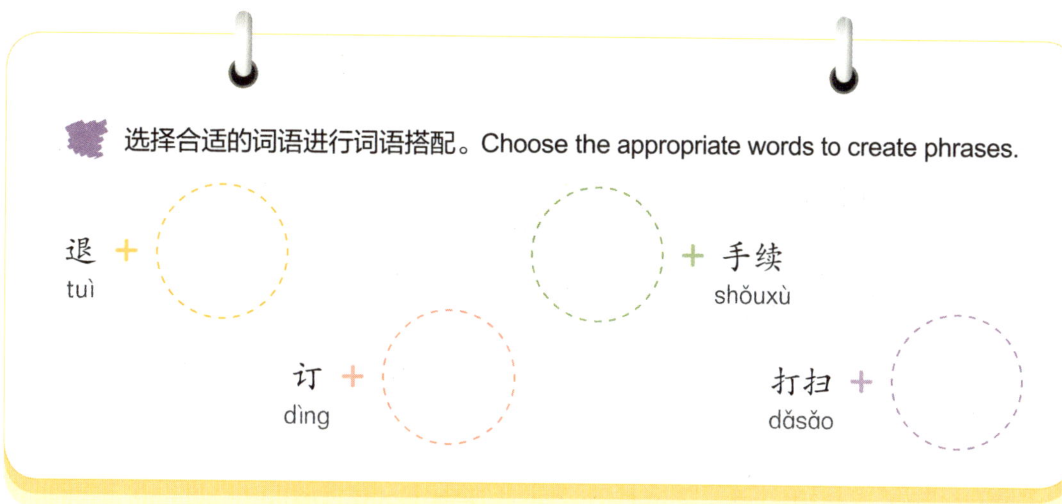

句子 Sentences

1 听录音，填词语，然后朗读句子。Listen to the recording and fill in the blanks. Then read the sentences aloud. 08-02

① 请问，还有 ________ 吗？
Qǐngwèn, hái yǒu ________ ma?

② 房间可以 ________ 吗？
Fángjiān kěyǐ ________ ma?

③ 请问您有什么 ________？
Qǐngwèn nín yǒu shénme ________?

④ 我是1204房间的，我可以 ________ 一个房间吗？
Wǒ shì yāo èr líng sì fángjiān de, wǒ kěyǐ ________ yí ge fángjiān ma?

⑤ 我想要 ________ 能看见海的房间。
Wǒ xiǎng yào ________ néng kànjiàn hǎi de fángjiān.

⑥ 请您下来办一下 ________。
Qǐng nín xiàlai bàn yíxià ________.

⑦ 请帮我订 ________ 出租车。
Qǐng bāng wǒ dìng ________ chūzūchē.

⑧ 现在还不到12点，怎么没有 ________ 了？
Xiànzài hái bú dào shíèr diǎn, zěnme méiyǒu ________ le?

⑨ 这个卫生间也不太 ________，________ 没打扫。
Zhège wèishēngjiān yě bú tài ________, ________ méi dǎsǎo.

2 看图片，跟同伴一起说说图片中的人可能在说什么。Look at the pictures, and discuss with your partner what the people in the pictures might be saying.

1

2

3

3 和同伴一起，选择合适的句子完成对话。Use the appropriate sentences to complete the conversations with your partner.

1 A: ______________________________?

B: 只有 三人间。
Zhǐyǒu sānrénjiān.

2 A: ______________________________?

B: 我 的 房间 没有 热水。
Wǒ de fángjiān méiyǒu rèshuǐ.

3 A: 您 想 要 一 个 什么样 的 房间？
Nín xiǎng yào yí ge shénmeyàng de fángjiān?

B: ______________________________。

4 A: 需要 我 帮 您 做 什么？
Xūyào wǒ bāng nín zuò shénme?

B: ______________________________。

对话 1 Dialogue 1 08-03

At hotel front desk.

莎莎： 请问，还 有 标准间 吗？
Shāshā: Qǐngwèn, hái yǒu biāozhǔnjiān ma?

服务员：很 抱歉， 标准间 已经 没有 了。
Fúwùyuán：Hěn bàoqiàn, biāozhǔnjiān yǐjīng méiyǒu le.

莎莎：现在 有 什么样 的 房间？
Shāshā：Xiànzài yǒu shénmeyàng de fángjiān?

服务员：只有 三人间 了。
Fúwùyuán：Zhǐyǒu sānrénjiān le.

莎莎：一个人一天 多少 钱？
Shāshā：Yí ge rén yì tiān duōshao qián?

服务员：80 元。
Fúwùyuán：Bāshí yuán.

莎莎：房间 可以 洗澡 吗？
Shāshā：Fángjiān kěyǐ xǐzǎo ma?

服务员：可以。12 点 以前 都 有 热水。
Fúwùyuán：Kěyǐ. Shí'èr diǎn yǐqián dōu yǒu rèshuǐ.

莎莎：我 只 住 一 天。
Shāshā：Wǒ zhǐ zhù yì tiān.

服务员：请 您 先 交 200 元 押金。
Fúwùyuán：Qǐng nín xiān jiāo èrbǎi yuán yājīn.

莎莎：不是 80 吗？
Shāshā：Bú shì bāshí ma?

服务员：结账 的 时候 我们 会 退 给 您。
Fúwùyuán：Jiézhàng de shíhou wǒmen huì tuì gěi nín.

1 根据对话内容，回答下列问题。Answer the following questions according to the dialogue.

1. 莎莎 在 哪儿？ 想 干 什么？
Shāshā zài nǎr? Xiǎng gàn shénme?

2. 现在 有 什么样 的 房间？一个人一天 多少 钱？
Xiànzài yǒu shénmeyàng de fángjiān? Yí ge rén yì tiān duōshao qián?

3 房间 能 洗澡 吗？
Fángjiān néng xǐzǎo ma?

4 莎莎 要 住 几 天？
Shāshā yào zhù jǐ tiān?

5 她 交了 多少 钱？ 为 什么？
Tā jiāole duōshao qián? Wèi shénme?

2 根据对话内容填空，然后试着复述对话。Fill in the blanks according to the dialogue. Then try to retell the dialogue.

莎莎 来到 一 个 饭店，她 1 ________，
Shāshā láidào yí ge fàndiàn, tā ________,

服务员 2 ________，这样 的 房间 一 个
fúwùyuán ________, zhèyàng de fángjiān yí ge

人 3 ________，每 天 12 点 4 ________
rén ________, měi tiān shí'èr diǎn ________

________。莎莎 要 5 ________，服务员
________. Shāshā yào ________, fúwùyuán

6 ________，莎莎 问 为 什么 7 ________
________, Shāshā wèn wèi shénme ________

________，服务员 告诉 她 8 ________。
________, fúwùyuán gàosu tā ________.

对话 2 Dialogue 2 08-04

Inside a hotel room.

马修： 喂，是 总台 吗？
Mǎxiū: Wèi, shì zǒngtái ma?

服务员： 是。 请问 您 有 什么 需要①？
Fúwùyuán: Shì. Qǐngwèn nín yǒu shénme xūyào?

马修： 我 是 1204 房间 的，我 可以 换 一 个
Mǎxiū: Wǒ shì yāo èr líng sì fángjiān de, wǒ kěyǐ huàn yí ge

房间 吗?
fángjiān ma?

服务员：您 的 房间 有 什么 问题 吗?
Fúwùyuán：Nín de fángjiān yǒu shénme wèntí ma?

马修：旁边 的 房间 太 "热闹" 了，吵 得 受 不 了②！我 需要 安静。
Mǎxiū：Pángbiān de fángjiān tài "rè'nao" le, chǎo de shòu bu liǎo! Wǒ xūyào ānjìng.

服务员：好的，我 帮 您 看看。
Fúwùyuán：Hǎode, wǒ bāng nín kànkan.

马修：我 想 要 一 间 能 看见 海 的 房间。
Mǎxiū：Wǒ xiǎng yào yì jiān néng kànjiàn hǎi de fángjiān.

服务员：抱歉，那样 的 房间 已经 没有 了。
Fúwùyuán：Bàoqiàn, nàyàng de fángjiān yǐjīng méiyǒu le.

马修：那 就 换 别 的 吧。
Mǎxiū：Nà jiù huàn bié de ba.

服务员：好的。请 您 下来 办 一下 手续。
Fúwùyuán：Hǎode. Qǐng nín xiàlai bàn yíxià shǒuxù.

马修：好，谢谢！
Mǎxiū：Hǎo, xièxie!

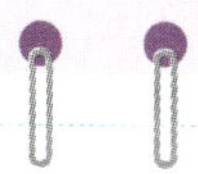

根据对话内容准备一下，然后说说马修换房间的事儿。Based on the dialogue, prepare and talk about the story of Matthew changing his room.

Matthew's original room	
The room Matthew wants to change to	
Final result	

扫描二维码，跟同伴一起说一说。Scan the QR code, and talk about the questions with your partner.

对话 3 Dialogue 3 08-05

Inside a hotel room.

服务员：您 好，总台，很 高兴 为 您 服务。
Fúwùyuán: Nín hǎo, zǒngtái, hěn gāoxìng wèi nín fúwù.

春香：您 好！我 是 305 房间 的 客人。
Chūnxiāng: Nín hǎo! Wǒ shì sān líng wǔ fángjiān de kèren.

服务员：请问 有 什么 可以 帮 您？
Fúwùyuán: Qǐngwèn yǒu shénme kěyǐ bāng nín?

春香：我 明天 早晨 5 点 要 去 机场，请 帮 我 订 一 辆 出租车。
Chūnxiāng: Wǒ míngtiān zǎochen wǔ diǎn yào qù jīchǎng, qǐng bāng wǒ dìng yí liàng chūzūchē.

服务员：好的。您 还 有 什么 需要？
Fúwùyuán: Hǎode. Nín hái yǒu shénme xūyào?

春香：请 帮 我 订 一下 叫醒 服务。
Chūnxiāng: Qǐng bāng wǒ dìng yíxià jiàoxǐng fúwù.

服务员：您 想 几 点 起床？
Fúwùyuán: Nín xiǎng jǐ diǎn qǐchuáng?

春香：4 点 20 吧。
Chūnxiāng: Sì diǎn èrshí ba.

服务员：好的，需要帮您订一份早餐吗？
Fúwùyuán: Hǎode, xūyào bāng nín dìng yí fèn zǎocān ma?

春香：不用了①，谢谢！
Chūnxiāng: Búyòng le, xièxie!

语言贴士

1 根据对话内容，回答下面的问题。Answer the following questions according to the dialogue.

1. 春香现在在哪儿？
   Chūnxiāng xiànzài zài nǎr?
2. 她明天几点去机场？
   Tā míngtiān jǐ diǎn qù jīchǎng?
3. 她为什么打电话？
   Tā wèi shénme dǎ diànhuà?
4. 她明天打算几点起床？
   Tā míngtiān dǎsuàn jǐ diǎn qǐchuáng?

2 根据对话内容复述对话。Retell the dialogue according to the dialogue.

春香住在酒店的305房间，她正在给酒店的总台打电话。________________
Chūnxiāng zhù zài jiǔdiàn de sān líng wǔ fángjiān, tā zhèng zài gěi jiǔdiàn de zǒngtái dǎ diànhuà.

____

____

____

____

对话 4 Dialogue 4 08-06

Inside a hotel room.

莎莎： 喂！是 总台 吗？
Shāshā: Wèi! Shì zǒngtái ma?

总台： 是的。请问 有 什么 可以 帮 您？
Zǒngtái: Shìde. Qǐngwèn yǒu shénme kěyǐ bāng nín?

莎莎： 现在 还不 到 12 点，怎么 没有 热水 了？
Shāshā: Xiànzài hái bú dào shí'èrdiǎn, zěnme méiyǒu rèshuǐ le?

总台： 对不起，我 马上 帮 您 看看。
Zǒngtái: Duìbuqǐ, wǒ mǎshàng bāng nín kànkan.

莎莎： 还 有，这个 卫生间 也 不 太 干净，好像 没 打扫。
Shāshā: Hái yǒu, zhège wèishēngjiān yě bú tài gānjìng, hǎoxiàng méi dǎsǎo.

总台： 对不起，我 让 服务员 马上 去 打扫。
Zǒngtái: Duìbuqǐ, wǒ ràng fúwùyuán mǎshàng qù dǎsǎo.

莎莎： 好 吧①，我 等 着。
Shāshā: Hǎo ba, wǒ děng zhe.

总台： 请问 您 还 有 什么 要求？
Zǒngtái: Qǐngwèn nín hái yǒu shénme yāoqiú?

莎莎： 房间 里 好像 有 蚊子，有 没有 蚊香？
Shāshā: Fángjiān li hǎoxiàng yǒu wénzi, yǒu méiyǒu wénxiāng?

总台： 蚊香 已经 放 在 您 房间 的 桌子 上 了。
Zǒngtái: Wénxiāng yǐjīng fàng zài nín fángjiān de zhuōzi shang le.

莎莎： 哦，我 看到 了。谢谢！
Shāshā: Ò, wǒ kàndào le. Xièxie!

根据对话内容，回答下面的问题。Answer the following questions according to the dialogue.

1. 莎莎 为 什么 打 电话？
   Shāshā wèi shénme dǎ diànhuà?
2. 服务员 接到 莎莎 的 电话 后 都 做了 什么？
   Fúwùyuán jiēdào Shāshā de diànhuà hòu dōu zuòle shénme?
3. 请 用 自己 的 话 说说 莎莎 的 事情。
   Qǐng yòng zìjǐ de huà shuōshuo Shāshā de shìqing.

扫描二维码，跟同伴一起说一说。Scan the QR code, and talk about the questions with your partner.

朗读下面的短文，然后模仿短文说说你住宾馆遇到过的事情。Read the following passage aloud, then use the passage as a model to talk about your experience of staying in a hotel. 🎧08-07

两 年 以前，莎莎 第一 次 来 中国 的 时候，她 和 她 的 朋友
Liǎng nián yǐqián, Shāshā dì-yī cì lái Zhōngguó de shíhou, tā hé tā de péngyou
都 不 会 说 汉语。他们 旅行 的 时候 找 不 到 住 的 地方，因为 是
dōu bú huì shuō Hànyǔ. Tāmen lǚxíng de shíhou zhǎo bu dào zhù de dìfang, yīnwèi shì
中国 的 假期，宾馆 都 住 满（occupied）了。他们 只能 去 住 民宿
Zhōngguó de jiàqī, bīnguǎn dōu zhù mǎn le. Tāmen zhǐnéng qù zhù mínsù
（homestay）。因为 他们 到 民宿 的 时间 太 晚 了，所以 没有 热水 了，
Yīnwèi tāmen dào mínsù de shíjiān tài wǎn le, suǒyǐ méiyǒu rèshuǐ le,
不 能 洗澡。莎莎 去 找 服务员，但是 说 不 明白，所以 莎莎 用
bù néng xǐzǎo. Shāshā qù zhǎo fúwùyuán, dànshì shuō bu míngbai, suǒyǐ Shāshā yòng
表演 洗澡 的 办法 让 服务员 明白了 她 的 意思。现在 一 想 起来，
biǎoyǎn xǐzǎo de bànfǎ ràng fúwùyuán míngbaile tā de yìsi. Xiànzài yì xiǎng qǐlai,
莎莎 就 想 笑。
Shāshā jiù xiǎng xiào.

交际活动 Communication Activities

双人活动 Pair Work

阿里有三天假期，有 2000 元钱，他打算从下周开始出门旅游。根据阿里的情况，和同伴一起商量商量，帮阿里做好出游准备。Ali has a three-day vacation, and 2000 RMB. He is planning to go on a travel next week. Talk about Ali's situation with your partner, and help Ali be prepared for his trip.

1. 给阿里一些吃、住等方面的建议。Give Ali some suggestions for living and eating.
2. 一起帮阿里准备一些旅游时需要用的汉语。Help Ali prepare some Chinese needed for traveling.
3. 一起帮阿里总结一下出门旅行时应该注意的问题。Summarize what issues Ali should pay attention to when traveling.

小组活动 Group Activity

三人一组，看图编故事并表演。Work in groups of three. Tell a story based on the pictures and act out to the class.

全班活动 Full-Class Activity

大卫老师要去上海开会，会议星期六早晨八点开始。分头查查合适的航班和上海市中心的三星级酒店的信息，全班讨论一下，给大卫老师提供两套方案。Professor David is going to attend a conference in Shanghai. The meeting begins on Saturday at 8:00 a.m. Search for appropriate flights and three-star hotels in downtown Shanghai separately. Discuss and give Professor David two plans.

You should make sure that the time and price are reasonable. 

游戏：服务大比拼 Game: Service Competition

一名学生扮演客人，旁边的同学扮演服务员，“客人”从词卡片中抽一张，利用参考句型向“服务员”提问，“服务员”应该尽量帮助“客人”解决问题。如，抽到的是“苹果”，“客人”可以问“我的房间没有苹果，怎么办？”或者“没有苹果，怎么办？”“服务员”可以说“我们还有苹果，马上送来。”或者“一楼有卖水果的商店，您可以去那儿买。”等。然后由“服务员”扮演客人，继续向旁边的同学提要求，以此类推。One student acts as the guest, the student next to him/her acts as the waiter. The “guest” draw one flash card from the pile, use the sentence patterns for reference to ask questions to the “waiter”. The “waiter” should try his/her best to solve the problem. For example, if “the guest” gets 苹果, he or she should ask 我的房间没有苹果，怎么办？ or 没有苹果，怎么办？ The “waiter” should say 我们还有苹果，马上送来。or 一楼有卖水果的商店，您可以去那儿买。The “waiter” then acts as the guest, making a request in the same manner to the classmate sitting next to him/her. Then repeat the game.

Sentence Pattern

1. 我 的…… 坏 了，怎么 办？
   Wǒ de ... huài le, zěnme bàn?

2. 没有……，怎么 办？
   Méiyǒu ..., zěnme bàn?

If the “waiter” answers well, everyone should applaud him or her. 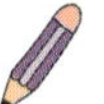

给老师的提示 您需要准备一些词汇卡片，如钱、水、电视、空调等，酒店的客人有可能要用到或者吃到的东西都可以。

复习与总结
Review and Sum-Up

1. 在这一课你学会了什么？试着写出你记住的词语。What did you learn in this lesson? Try to write down the words you remember.

You can also write in *Pinyin*. 

2. 替换。Substitute.

① 12 点 / 周五 / 二月 以前，都有热水 / 都没有时间 / 一定要回家。
Shí'èr diǎn / Zhōuwǔ / Èryuè yǐqián, dōu yǒu rèshuǐ / dōu méiyǒu shíjiān / yídìng yào huíjiā.

② 好的 / 可以 / 好吧，我帮您看看。
Hǎode / Kěyǐ / Hǎo ba, wǒ bāng nín kànkan.

③ 请问您有什么需要 / 事儿 / 要求？
Qǐngwèn nín yǒu shénme xūyào / shìr / yāoqiú?

4 请 帮 我 订 一 | 辆 / 个 / 张 | 出租车 / 房间 / 飞机票 。
Qǐng bāng wǒ dìng yī | liàng / ge / zhāng | chūzūchē / fángjiān / fēijīpiào .

请 帮 我 订 一 Qǐng bāng wǒ dìng yī	辆 liàng	出租车 chūzūchē
	个 ge	房间 fángjiān
	张 zhāng	飞机票 fēijīpiào

3. 用所给句型完成下面的对话。Use the given sentence patterns to complete the following conversations.

1 好 吧，……
hǎo ba, ...

1 A：如果你 想 买东西，就和我一起去吧。
Rúguǒ nǐ xiǎng mǎi dōngxi, jiù hé wǒ yìqǐ qù ba.

B：________________。

2 A：你 明天 早一点儿回来，行 吗？
Nǐ míngtiān zǎo yìdiǎnr huílai, xíng ma?

B：________________。

3 A：你们 说话 可以 小声 一点儿吗？
Nǐmen shuōhuà kěyǐ xiǎoshēng yìdiǎnr ma?

B：________________。

4 A：如果 想 喝 水，就自己去拿。
Rúguǒ xiǎng hē shuǐ, jiù zìjǐ qù ná.

B：________________。

2 不用 了，……
búyòng le, ...

1 A：如果你需要 坐 出租车，我 可以 帮 你 联系。
Rúguǒ nǐ xūyào zuò chūzūchē, wǒ kěyǐ bāng nǐ liánxì.

B：________________。

2 A：你需要吃的东西？我的 房间 里有。
Nǐ xūyào chī de dōngxi? Wǒ de fángjiān li yǒu.

B：________________。

③ A：你 问问 老师，看看 哪里 有 便宜 的 饭馆儿。
Nǐ wènwen lǎoshī, kànkan nǎli yǒu piányi de fànguǎnr.

B：______________________________。

④ A：如果 你 一 个 人 不 想 去，就 约 朋友 跟 你 一起 去 吧！
Rúguǒ nǐ yí ge rén bù xiǎng qù, jiù yuē péngyou gēn nǐ yìqǐ qù ba!

B：______________________________。

5. 你学会在酒店订房间的常用语句了吗？住宿时遇到问题能自己解决了吗？利用下面的表格复习一下。Have you grasped the common expressions for in booking a hotel room? Can you solve the problems you run into while staying in a hotel? Use the following table to review.

Pay attention to the correct usage of 请问…… and 请帮我…….

Situations	What to say?
① Ask if there is any room left	
② Ask about the price of the room	
③ Ask about the room services (shower, internet etc.)	
④ Ask for water, mosquito coil, etc.	
⑤ Ask to book a taxi, provide breakfast or wake-up call, etc.	
⑥ There is a problem with the room, ask to change a room	

你的房间一定很漂亮！

Nǐ de fángjiān yídìng hěn piàoliang!

Your room must be very pretty!

目标 Objectives

1. 复习如何说明方位。Review how to explain locations.
2. 复习介绍家具、电器的常用语句。Review the basic expressions for introducing furniture and electric appliances.
3. 学会具体介绍一个房间。Learn to introduce a room with details.
4. 学会比较两个不同的房间。Learn to compare two different rooms.

准备 Preparation

1 两人一组，跟同伴一起看看下面的地图，选择一个两人都想去的地方，想想具体位置怎么介绍最好，并向全班汇报。Work in pairs. Look at the following map with your partner, find one place that you both want to visit. Figure out how to introduce the exact location, and report to the class.

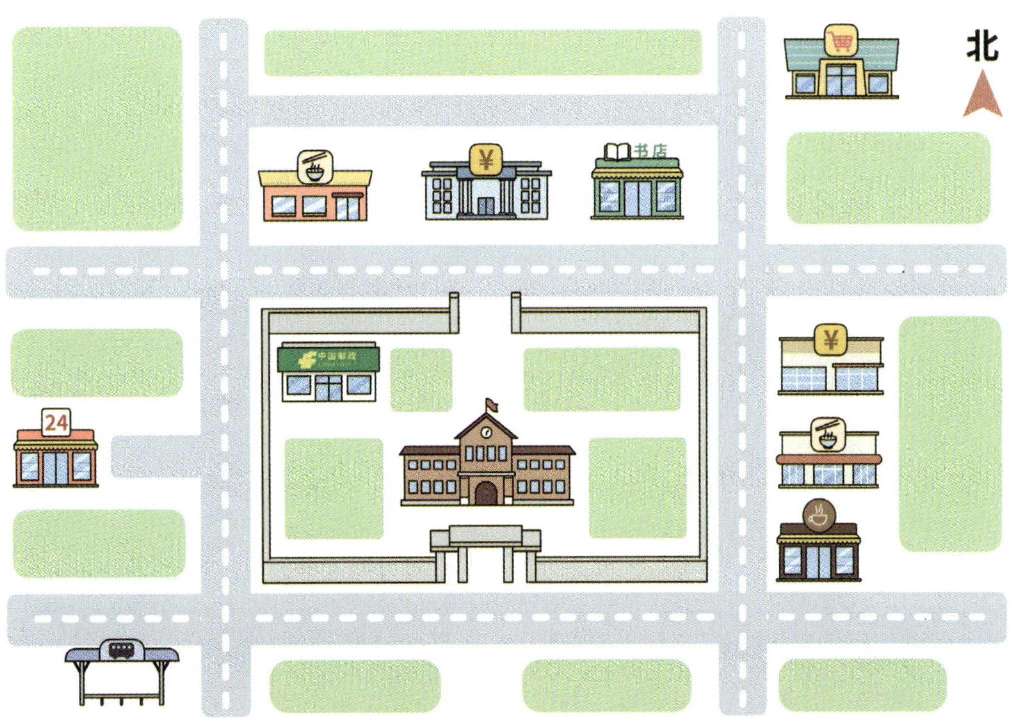

您如果能事先准备一张你们学校周边商业区的示意图，效果会更好。

2 全班一起看地图，并改正汇报组说得不准确的地方。Look at the map together. Point out and correct the inaccurate part in each group's presentation.

您需要事先准备一张学校周边或商业区的简单示意图。

3 你现在住在哪儿？你的房间里有什么？简单介绍一下你的房间。Where do you live now? What is inside your room? Give a brief introduction of your room.

词语 Vocabulary 09-01

布置 bùzhì to decorate, to furnish	挂 guà to hang	摆 bǎi to place	放 fàng to put	共用 gòngyòng to share		
床 chuáng bed	衣柜 yīguì closet	柜子 guìzi cabinet	冰箱 bīngxiāng refrigerator	书架 shūjià bookshelf	桌子 zhuōzi desk	椅子 yǐzi chair
窗户 chuānghu window	右边 yòubian right	中间 zhōngjiān middle	画儿 huàr painting	花儿 huār flower		
付 fù to pay	房费 fángfèi room rate					
清 qīng clearly	整齐 zhěngqí organized					
食品 shípǐn food	嘛 ma *modal particle*					

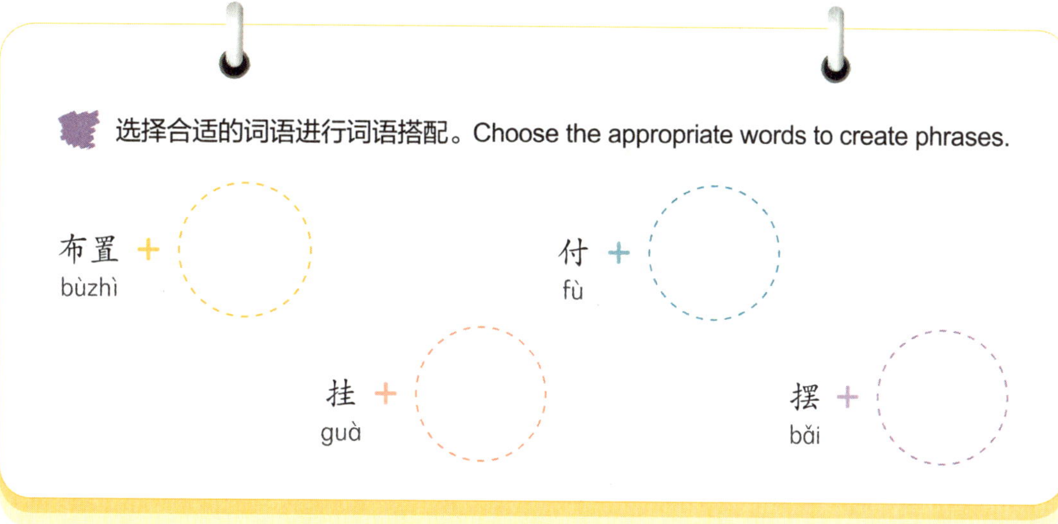

句子 Sentences

1 听录音，填词语，然后朗读句子。Listen to the recording and fill in the blanks. Then read the sentences aloud. 09-02

1. 我在学校附近________了房子。
Wǒ zài xuéxiào fùjìn ________ le fángzi.

2. ________里有一张床、一张桌子、一个衣柜。
________ li yǒu yì zhāng chuáng, yì zhāng zhuōzi, yí ge yīguì.

3. 电视和冰箱在________的客厅里。
Diànshì hé bīngxiāng zài ________ de kètīng li.

4. 虽然卫生间________小，但是卧室挺大的。
Suīrán wèishēngjiān ________ xiǎo, dànshì wòshì tǐng dà de.

5. 窗户在门的________，窗户前面是桌子和椅子，床在右边。
Chuānghu zài mén de ________, chuānghu qiánmian shì zhuōzi hé yǐzi, chuáng zài yòubian.

6. 床的对面有一个________。
Chuáng de duìmiàn yǒu yí ge ________.

7. 你不太________两个人一起住，是吧？
Nǐ bú tài ________ liǎng ge rén yìqǐ zhù, shì ba?

8. 我的房间________漂亮，但是很干净。
Wǒ de fángjiān ________ piàoliang, dànshì hěn gānjìng.

9 你 每天 都 自己 ________ 房间 吗？
Nǐ měitiān dōu zìjǐ ________ fángjiān ma?

10 一 进 房间 ________ 就 好。
Yí jìn fángjiān ________ jiù hǎo.

2 看图片，参考上面的句子，跟同伴一起介绍这个房间。Look at the picture, and refer to the previous sentences to introduce the following room with your partner.

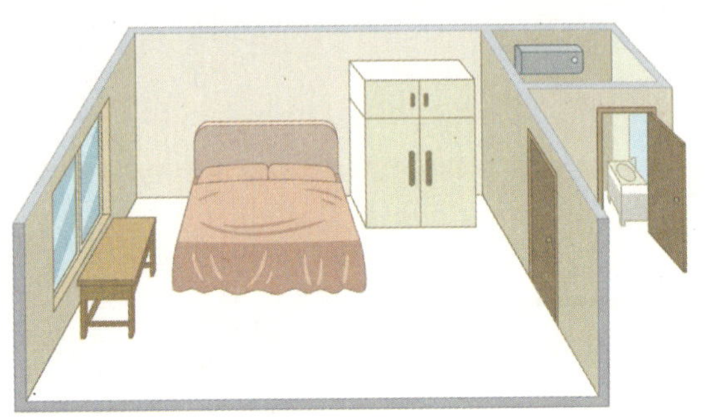

You should try to use the sentences from above.

3 和同伴一起，选择合适的句子完成对话。Use the appropriate sentences to complete the conversations with your partner.

1 A：你 住 在 留学生 宿舍 吗？ B：________。
Nǐ zhù zài liúxuéshēng sùshè ma?

2 A：房间 里 没有 衣柜 吗？ B：________。
Fángjiān li méiyǒu yīguì ma?

3 A：你 的 房间 漂亮 吗？ B：________。
Nǐ de fángjiān piàoliang ma?

对话 1 Dialogue 1 09-03

At the dining court.

马修：山下，听说 你 不 住 在 留学生 宿舍？
Mǎxiū: Shānxià, tīngshuō nǐ bú zhù zài liúxuéshēng sùshè?

山下：是 啊，我 在 学校 附近 租了 房子。
Shānxià: Shì a, wǒ zài xuéxiào fùjìn zūle fángzi.

马修：房费 贵 吗？
Mǎxiū: Fángfèi guì ma?

山下：两个人住，一个人付一半。不算贵[①]。
Shānxià: Liǎng ge rén zhù, yí ge rén fù yí bàn. Bú suàn guì.

马修：还是两个人住一间呀？[②]
Mǎxiū: Háishì liǎng ge rén zhù yì jiān ya?

山下：有两个卧室，一个人住一间。
Shānxià: Yǒu liǎng ge wòshì, yí ge rén zhù yì jiān.

马修：那不错嘛！
Mǎxiū: Nà búcuò ma!

山下：是啊。我挺满意的。
Shānxià: Shì a. Wǒ tǐng mǎnyì de.

马修：房间布置得怎么样？房间里都有什么家具、电器？
Mǎxiū: Fángjiān bùzhì de zěnmeyàng? Fángjiān li dōu yǒu shénme jiājù, diànqì?

山下：布置得挺好的。卧室里有一张床、一张桌子、一个衣柜。
Shānxià: Bùzhì de tǐng hǎo de. Wòshì li yǒu yì zhāng chuáng, yì zhāng zhuōzi, yí ge yīguì.

马修：没有电视和冰箱吗？
Mǎxiū: Méiyǒu diànshì hé bīngxiāng ma?

山下：电视和冰箱在中间的客厅里。
Shānxià: Diànshì hé bīngxiāng zài zhōngjiān de kètīng li.

马修：我明白了，两个人共用客厅和卫生间。
Mǎxiū: Wǒ míngbai le, liǎng ge rén gòngyòng kètīng hé wèishēngjiān.

山下：对，还有厨房也是一起用。有时候可以自己做饭，很方便。
Shānxià: Duì, hái yǒu chúfáng yě shì yìqǐ yòng. Yǒushíhou kěyǐ zìjǐ zuòfàn, hěn fāngbiàn.

根据对话内容，回答下面的问题。Answer the following questions according to the dialogue.

1. 山下 住 在 哪儿？他 满意 吗？
Shānxià zhù zài nǎr? Tā mǎnyì ma?

2. 为 什么 房费 不 算 贵？
Wèi shénme fángfèi bú suàn guì?

3. 和 学校 的 宿舍 一样，还是 两 个 人 住 一 间 房 吗？
Hé xuéxiào de sùshè yíyàng, háishì liǎng ge rén zhù yì jiān fáng ma?

4. 房间 里 都 有 什么？
Fángjiān li dōu yǒu shénme?

5. 山下 和 室友 怎么 使用（use）房间？
Shānxià hé shìyǒu zěnme shǐyòng fángjiān?

6. 山下 为 什么 觉得 很 方便？
Shānxià wèi shénme juéde hěn fāngbiàn?

7. 根据（based on）课文 内容，介绍 一下 山下 的 新 家。
Gēnjù kèwén nèiróng, jièshào yíxià Shānxià de xīn jiā.

扫描二维码，跟同伴一起说一说。Scan the QR code, and talk about the questions with your partner.

对话 2 Dialogue 2 09-04

In front of the dorm for international students.

莎莎：马修，昨天你去山下的新家了？
Shāshā: Mǎxiū, zuótiān nǐ qù Shānxià de xīn jiā le?

马修：对，我觉得他的新家挺好的。
Mǎxiū: Duì, wǒ juéde tā de xīn jiā tǐng hǎo de.

莎莎：可是我听说卫生间特别小。
Shāshā: Kěshì wǒ tīngshuō wèishēngjiān tèbié xiǎo.

马修：虽然卫生间比较小，但是卧室挺大的。
Mǎxiū: Suīrán wèishēngjiān bǐjiào xiǎo, dànshì wòshì tǐng dà de.

莎莎：比我和春香的房间大吗？
Shāshā: Bǐ wǒ hé Chūnxiāng de fángjiān dà ma?

马修：大小差不多，但是他一个人住。
Mǎxiū: Dàxiǎo chàbuduō, dànshì tā yí ge rén zhù.

莎莎：哦。房间是什么样子？
Shāshā: Ò. Fángjiān shì shénme yàngzi?

马修：窗户在门的对面，窗户前面是桌子和椅子。床在右边。
Mǎxiū: Chuānghu zài mén de duìmiàn, chuānghu qiánmian shì zhuōzi hé yǐzi. Chuáng zài yòubian.

莎莎：房间里有衣柜和放书的地方吗？
Shāshā: Fángjiān li yǒu yīguì hé fàng shū de dìfang ma?

马修：床的旁边是衣柜，床的对面有一个书架。
Mǎxiū: Chuáng de pángbiān shì yīguì, chuáng de duìmiàn yǒu yí ge shūjià.

莎莎：房间里还有什么？
Shāshā: Fángjiān li hái yǒu shénme?

马修：我记不清[①]了，大概还有一个放食品的小柜子吧。
Mǎxiū: Wǒ jì bu qīng le, dàgài hái yǒu yí ge fàng shípǐn de xiǎo guìzi ba.

根据对话内容，回答下面的问题。Answer the following questions according to the dialogue.

1. 马修去山下的新家了吗？
   Mǎxiū qù Shānxià de xīn jiā le ma?
2. 马修觉得山下的新家怎么样？
   Mǎxiū juéde Shānxià de xīn jiā zěnmeyàng?
3. 山下的房间比莎莎和春香的房间大吗？
   Shānxià de fángjiān bǐ Shāshā hé Chūnxiāng de fángjiān dà ma?
4. 山下的房间里有放书的地方吗？
   Shānxià de fángjiān li yǒu fàng shū de dìfang ma?
5. 山下的房间里还有什么？
   Shānxià de fángjiān li hái yǒu shénme?

扫描二维码，跟同伴一起说一说。Scan the QR code, and talk about the questions with your partner.

对话 3 Dialogue 3 09-05

At Chun Hyang and Sasa's room.

莎莎：春香，你 喜欢 我们 的 房间 吗？
Shāshā: Chūnxiāng, nǐ xǐhuan wǒmen de fángjiān ma?

春香：喜欢。不过 两 个 人 住 有 点儿 小。
Chūnxiāng: Xǐhuan. Búguò liǎng ge rén zhù yǒu diǎnr xiǎo.

莎莎：我 习惯 晚 睡 早 起，经常 影响 你 休息 吧？
Shāshā: Wǒ xíguàn wǎn shuì zǎo qǐ, jīngcháng yǐngxiǎng nǐ xiūxi ba?

春香：我 没 关系[①]。你 不 太 习惯 两 个 人 一起 住，是 吧？
Chūnxiāng: Wǒ méi guānxi. Nǐ bú tài xíguàn liǎng ge rén yìqǐ zhù, shì ba?

莎莎：有 点儿。我 在 家 一直 是 一 个 人 住。
Shāshā: Yǒu diǎnr. Wǒ zài jiā yìzhí shì yí ge rén zhù.

春香：你 的 房间 一定 很 漂亮！
Chūnxiāng: Nǐ de fángjiān yídìng hěn piàoliang!

莎莎：我 的 房间 算 不 上 漂亮，但是 很 干净。
Shāshā: Wǒ de fángjiān suàn bu shàng piàoliang, dànshì hěn gānjìng.

春香：你 每 天 都 自己 打扫 房间 吗？
Chūnxiāng: Nǐ měi tiān dōu zìjǐ dǎsǎo fángjiān ma?

莎莎：我们 家 都 是 我 妈妈 打扫 房间。
Shāshā: Wǒmen jiā dōu shì wǒ māma dǎsǎo fángjiān.

春香：你 不 帮着 收拾 吗？
Chūnxiāng: Nǐ bù bāngzhe shōushi ma?

莎莎：有时候 我 也 帮忙。谁 不 喜欢 房间
Shāshā: Yǒushíhou wǒ yě bāngmáng. Shuí bù xǐhuan fángjiān

干干净净、整整齐齐 的 呀!
gānganjìngjìng, zhěngzhěngqíqí de ya!

春香：你 喜欢 在 房间 里 挂上 画儿、摆上 花儿 吗?
Chūnxiāng: Nǐ xǐhuan zài fángjiān li guàshang huàr, bǎishang huār ma?

莎莎：喜欢。你 呢?
Shāshā: Xǐhuan. Nǐ ne?

春香：我 也 喜欢。那 咱们 也 收拾 收拾 房间，买 一 幅 画儿 挂上 吧。
Chūnxiāng: Wǒ yě xǐhuan. Nà zánmen yě shōushi shōushi fángjiān, mǎi yì fú huàr guàshang ba.

莎莎：好 啊，一 进 房间 心情 就 好。
Shāshā: Hǎo a, yí jìn fángjiān xīnqíng jiù hǎo.

春香：说 干 就 干。
Chūnxiāng: Shuō gàn jiù gàn.

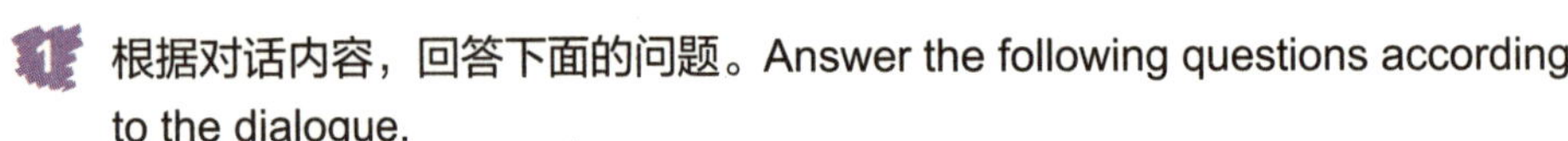

1 根据对话内容，回答下面的问题。Answer the following questions according to the dialogue.

1. 莎莎 和 谁 住 一个 房间?
Shāshā hé shuí zhù yí ge fángjiān?

2. 她们 俩 的 生活 习惯 一样 吗?
Tāmen liǎ de shēnghuó xíguàn yíyàng ma?

3. 莎莎 在 家 的 时候 一 个 人 住 吗?
Shāshā zài jiā de shíhou yí ge rén zhù ma?

4. 莎莎 他们 家 谁 打扫 房间?
Shāshā tāmen jiā shuí dǎsǎo fángjiān?

5. 莎莎 喜欢 怎样 布置 房间?
Shāshā xǐhuan zěnyàng bùzhì fángjiān?

2 根据对话内容准备一下，然后跟同伴说说你和莎莎有什么不一样？Based on the dialogue, prepare and talk about how you are different from Sasa.

Living habits	Sasa	You
① How do you live back home?		
② Is your room pretty?		
③ Do you clean your room?		
④ How do you furnish your room?		

朗读下面的短文，然后模仿短文介绍一下你的房间。Read the following passage aloud, then use the passage as a model to introduce your own room. 09-06

我的新家在学校的西边。有两个卧室、一个客厅、一个
Wǒ de xīn jiā zài xuéxiào de xībian. Yǒu liǎng ge wòshì, yí ge kètīng, yí ge
卫生间和一个厨房。我和一个中国学生每人住一间
wèishēngjiān hé yí ge chúfáng. Wǒ hé yí ge Zhōngguó xuésheng měi rén zhù yì jiān
卧室，一起用客厅、卫生间和厨房。
wòshì, yìqǐ yòng kètīng, wèishēngjiān hé chúfáng.

我的房间和留学生楼的房间差不多大，但是只有一
Wǒ de fángjiān hé liúxuésheng lóu de fángjiān chàbuduō dà, dànshì zhǐyǒu yì
张床、一张桌子和一个衣柜，所以我觉得挺大的。我的
zhāng chuáng, yì zhāng zhuōzi hé yí ge yīguì, suǒyǐ wǒ juéde tǐng dà de. Wǒ de
桌子放在窗户的前面，桌子左边有一个书架，我的床
zhuōzi fàng zài chuānghu de qiánmian, zhuōzi zuǒbian yǒu yí ge shūjià, wǒ de chuáng
在右边，床的旁边是衣柜。我有两把椅子，一把放在
zài yòubian, chuáng de pángbiān shì yīguì. Wǒ yǒu liǎng bǎ yǐzi, yì bǎ fàng zài
桌子前面，另一把放在书架旁边。
zhuōzi qiánmian, lìng yì bǎ fàng zài shūjià pángbiān.

现在房间里没有画儿，也没有花儿。周末我打算去买
Xiànzài fángjiān li méiyǒu huàr, yě méiyǒu huār. Zhōumò wǒ dǎsuan qù mǎi
画儿和花儿。我想，下个星期我的房间一定会非常漂亮！
huàr hé huār. Wǒ xiǎng, xià ge xīngqī wǒ de fángjiān yídìng huì fēicháng piàoliang!

交际活动 Communication Activities

双人活动 Pair Work

1 先熟悉一下下面的词语，然后把这些东西，摆放在下面的空房间里。First familiarize yourself with all the words in the word bank. Then place all the items in the following empty room.

2 两人一组，向同伴介绍自己布置的房间。Work in groups of two, introduce the room you've furnished to your partner.

1. The partner should draw the room as he/she listens.
2. Compare your painting to your partner, see what the differences are. 

小组活动 Group Activity

1 全班同学先一起仔细看老师展示的房间，然后三人一组，凭记忆画出房间的示意图，并组织一段话介绍房间的样子。First look at the room the teacher presents to the class. Then work in groups of three, draw a map based on your memory, and prepare a presentation to talk about the layout of the room.

您可以用照片、录相等方式向学生展示一个房间。

2 再看一次老师展示的房间，修改介绍的内容并向全班同学介绍。Look at the room again, revise your presentation and present to the class.

全班活动 Full-Class Activity

1 跟全班同学说一说来这里之前你住的房间是什么样子，你最喜欢房间里的什么。Talk to the your classmates about the room you lived before you came here and your favorite part of the room.

Don't forget to prepare the picture of your room in advance.

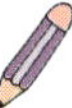

2 全班一起在黑板上布置一个大家都喜欢的房间。Design together a room everyone likes on the blackboard.

课堂内外 Inside and Outside the Classroom

课后，三人一组，商量一个重新布置教室的计划，设计你们喜欢的教室。下次上课时向全班同学展示你们的方案。Work in groups of three. Make a plan to re-design the classroom together after class, and try to design an ideal classroom. Share your plan with your classmates on the next class.

游戏：摆家具 Game: Furniture Placing

准备两张有简单陈设的房间的图片和一些家具的图片，分别发给两组学生，老师发出指令，两组学生分别根据指令找到相应的“家具”，并把“家具”放到“房间”相应的位置上，摆放得又快又好的组获胜。Prepare two pictures of rooms with their basic layouts and some pictures of furniture. Distribute the materials to two groups of students. The teacher gives directions, the students should follow the teacher's orders to find the corresponding “furniture”, and put all the “furniture” in their right place. The faster and better group wins.

复习与总结
Review and Sum-Up

1. 在这一课你学会了什么？试着写出你记住的词语。What did you learn in this lesson? Try to write down the words you remember.

You can also write in *Pinyin*. 

2. 替换。Substitute.

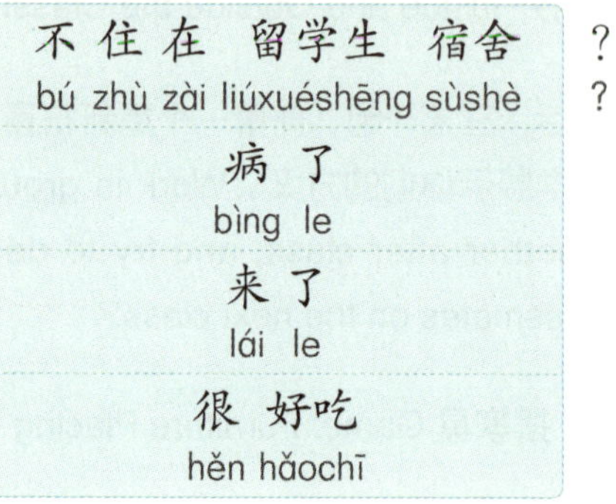

① 听说 Tīngshuō

听说 Tīngshuō	你 nǐ	不住在 留学生 宿舍 bú zhù zài liúxuéshēng sùshè	?
	老师 lǎoshī	病了 bìng le	
	他妈妈 tā māma	来了 lái le	
	那家饭馆儿的饭 nà jiā fànguǎnr de fàn	很 好吃 hěn hǎochī	

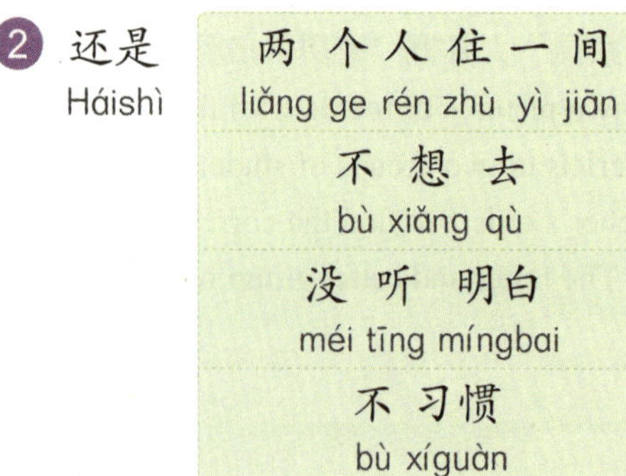

② 还是 Háishì

还是 Háishì	两个人住一间 liǎng ge rén zhù yì jiān	呀? ya?
	不想去 bù xiǎng qù	
	没听明白 méi tīng míngbai	
	不习惯 bù xíguàn	

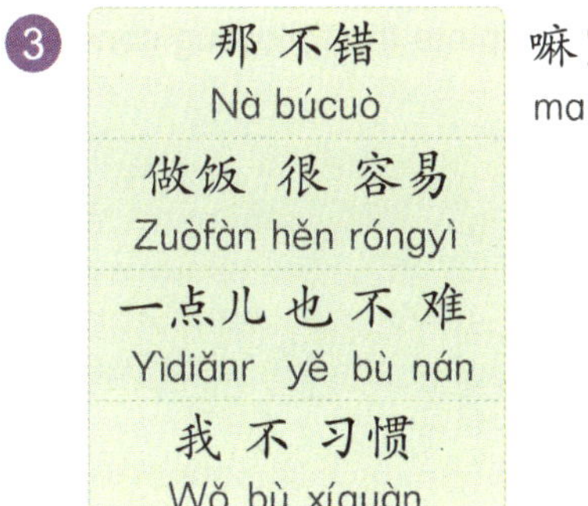

③

那 不错 Nà búcuò	嘛! ma!
做饭 很 容易 Zuòfàn hěn róngyì	
一点儿 也 不 难 Yìdiǎnr yě bù nán	
我 不 习惯 Wǒ bù xíguàn	

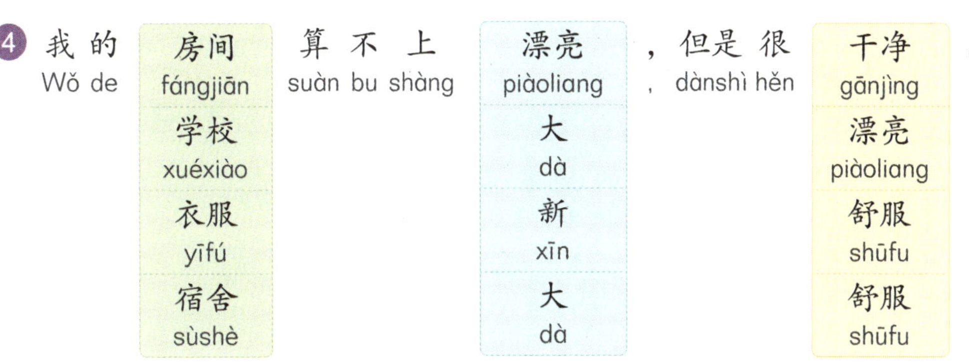

④

我 的 Wǒ de	房间 fángjiān	算 不 上 suàn bu shàng	漂亮 piàoliang	，但是 很 , dànshì hěn	干净 gānjìng	。 .
	学校 xuéxiào		大 dà		漂亮 piàoliang	
	衣服 yīfu		新 xīn		舒服 shūfu	
	宿舍 sùshè		大 dà		舒服 shūfu	

3. 用“虽然……但是……”改写下面的句子。Use 虽然……但是…… to rewrite the following sentences.

① 房间 比较 小，离 学校 很 近。
Fángjiān bǐjiào xiǎo, lí xuéxiào hěn jìn.

➡ ______________________________

② 饭馆 有 一点儿 小，饭菜 的 味道 很 好。
Fànguǎn yǒu yìdiǎnr xiǎo, fàncài de wèidào hěn hǎo.

➡ ______________________________

③ 这个 城市 不 太 大，人 很 多。
Zhège chéngshì bú tài dà, rén hěn duō.

➡ ______________________________

④ 这 件 衣服 很 漂亮，很 贵。
Zhè jiàn yīfu hěn piàoliang, hěn guì.

➡ ______________________________

4. 模仿例句，完成下面的对话。Imitate the example to complete the following conversations.

例 A：房费 贵 吗？
Fángfèi guì ma?

B：两个人住，一个人付一半，不算贵。

1 A：你 的 房间 很 大 吧？
Nǐ de fángjiān hěn dà ba?

B：________________________。

2 A：那个 能 爬山 的 地方 挺 远 的 吧？
Nàge néng páshān de dìfang tǐng yuǎn de ba?

B：________________________。

3 A：现在 打 电话 太 晚了 吧？
Xiànzài dǎ diànhuà tài wǎnle ba?

B：________________________。

5. 你学会怎么介绍自己的房间了吗？你学会了哪些介绍房间的句子？用下面的表格复习一下。Can you introduce your room now? What sentences have you grasped to introduce your room? Use the following table to review.

Situations	What to say?
1 Size of the room.	
2 Price of the room.	
3 How's the room?	
4 What is in the room?	
5 How is the furniture placed?	
6 How is the room decorated?	

第 10 课 我的朋友病了。

Wǒ de péngyou bìng le.

My friend is sick.

目标 Objectives

1. 复习简单说明感冒等病症。Review to simply describe the symptomes of common illnesses such as a cold.
2. 学会询问和说明身体状况。Learn to ask and describe the conditions of one's body.
3. 学会简单说明请假理由。Learn to simply explain the reasons for a leave request.
4. 学会询问和说明如何去医院看病。Learn to ask and explain how to go to hospital.

准备 Preparation

1 和同伴一起看看下面的图片，说说他们怎么了。Look at the following pictures with a partner, and talk about what is wrong with them.

①

②

③

④

2 如果上面图片中的 4 个人去医院看病，他们应该怎么说？和同伴一起试一试。If the four people in the previous pictures are going to hospital, what should they say? Practice the conversations with your partner.

Word Bank

肚子 dùzi	疼 téng	头 tóu	腿 tuǐ leg	摔 shuāi to fall	感冒 gǎnmào

3 如果前面图片中的 4 个人不能上课，应该怎么向老师请假？和同伴一起试一试。If the four people in the previous pictures can't go to class, how should they ask for a day off to the teacher? Practice the conversations with your partner.

Sentence Pattern

1 老师，我……，不 能 上课。
Lǎoshī, wǒ ..., bù néng shàngkè.

2 老师，我 要 请假，我……。
Lǎoshī, wǒ yào qǐngjià, wǒ ... .

词语 Vocabulary 10-01

按时	坚持	照顾	调理
ànshí	jiānchí	zhàogù	tiáolǐ
on time	to insist	to look after	to real

精神	耳	聋	眼	花	腿	腿脚	力气
jīngshen	ěr	lóng	yǎn	huā	tuǐ	tuǐjiǎo	lìqi
spirit	ear	deaf	eye	presbyopia	leg	ability to walk	energy

只是	感觉	难受	浑身
zhǐshì	gǎnjué	nánshòu	húnshēn
just	to feel, to think	sick	all over, from head to foot

看病	挂号处	内科	校医院	中医
kànbìng	guàhàochù	nèikē	xiàoyīyuàn	zhōngyī
to see a doctor	registration	internal medicine	school infirmary	doctor of traditional Chinese medicine, traditional Chinese medicine therapy

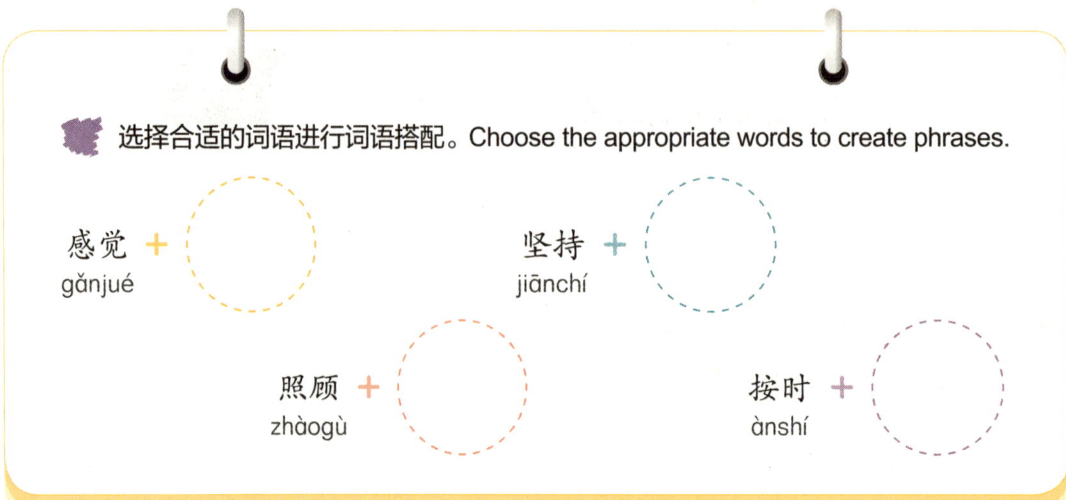

句子 Sentences

1 听录音，填词语，然后朗读句子。Listen to the recording and fill in the blanks. Then read the sentences aloud. 🎧 10-02

1. 我感觉身体不舒服，__________回家了。
   Wǒ gǎnjué shēntǐ bù shūfu, __________ huíjiā le.
2. 病得很__________吗？现在怎么样了？
   Bìng de hěn __________ ma? Xiànzài zěnmeyàng le?
3. 你的脸色__________不太好。
   Nǐ de liǎnsè __________ bú tài hǎo.
4. 我晚上睡不好，__________吃不下饭，__________没有力气。
   Wǒ wǎnshang shuì bu hǎo, __________ chī bu xià fàn, __________ méiyǒu lìqi.
5. 今天我能__________走吗？
   Jīntiān wǒ néng __________ zǒu ma?
6. 我得去__________我的爷爷。
   Wǒ děi qù __________ wǒ de yéye.
7. 他一直坚持__________，身体特别好。
   Tā yì zhí jiānchí __________, shēntǐ tèbié hǎo.
8. 我奶奶的__________不太好，走路还行，爬不了山。
   Wǒ nǎinai de __________ bú tài hǎo, zǒulù hái xíng, pá bu liǎo shān.
9. 我的朋友很__________，我想送她去医院。
   Wǒ de péngyou hěn __________, wǒ xiǎng sòng tā qù yīyuàn.
10. 她肚子疼，拉肚子，还__________，浑身__________冷。
    Tā dùzi téng, lādùzi, hái __________, húnshēn __________ lěng.

2 看图片，跟同伴一起说说图片中的人可能在说什么。Look at the pictures, and discuss with your partner what the people in the pictures might be saying.

1

2

3 和同伴一起，选择合适的句子完成对话。Use the appropriate sentences to complete the conversations with your partner.

1. A：昨天 你 怎么 没 来 上课？
   Zuótiān nǐ zěnme méi lái shàngkè?

   B：______________________________。

2. A：______________________________？

   B：已经 好 多 了。谢谢 你！
   Yǐjīng hǎo duō le. Xièxie nǐ!

3. A：不舒服 吗？你 的 脸色 不 太 好。
   Bù shūfu ma? Nǐ de liǎnsè bú tài hǎo.

   B：______________________________。

4. A：他 今天 怎么 没 来 上课？
   Tā jīntiān zěnme méi lái shàngkè?

   B：______________________________。

对话 1 Dialogue 1 10-03

At the campus canteen.

语言贴士

马修：李 红，好久 不 见。
Mǎxiū: Lǐ Hóng, hǎojiǔ bú jiàn.

李 红：是 啊，我 刚 回来 没 几 天[1]。
Lǐ Hóng: Shì a, wǒ gāng huílai méi jǐ tiān.

马修：你 去 哪儿 了？
Mǎxiū: Nǐ qù nǎr le?

李 红：我 感觉 身体 不 舒服，请假 回家 了。
Lǐ Hóng: Wǒ gǎnjué shēntǐ bù shūfu, qǐngjià huíjiā le.

马修：病得很厉害吗？现在怎么样了？
Mǎxiū: Bìng de hěn lìhai ma? Xiànzài zěnmeyàng le?

李红：已经好多了，只是[2]没有力气。
Lǐ Hóng: Yǐjīng hǎo duō le, zhǐshì méiyǒu lìqi.

马修：感觉你的脸色确实不太好。
Mǎxiū: Gǎnjué nǐ de liǎnsè quèshí bú tài hǎo.

李红：我跟老师说，我晚上睡不好，而且吃不下饭[3]，浑身没有力气。老师让我先去医院看看，再回家好好儿休息几天。
Lǐ Hóng: Wǒ gēn lǎoshī shuō, wǒ wǎnshang shuì bu hǎo, érqiě chī bu xià fàn, húnshēn méiyǒu lìqi. Lǎoshī ràng wǒ xiān qù yīyuàn kànkan, zài huíjiā hǎohāor xiūxi jǐ tiān.

马修：你去医院看了吗？医生怎么说？
Mǎxiū: Nǐ qù yīyuàn kànle ma? Yīshēng zěnme shuō?

李红：看过了。医生给我开了不少药。
Lǐ Hóng: Kànguo le. Yīshēng gěi wǒ kāile bùshǎo yào.

马修：那你要按时吃药，好好儿休息。需要帮忙的话给我打电话。
Mǎxiū: Nà nǐ yào ànshí chī yào, hǎohāor xiūxi. Xūyào bāngmáng de huà gěi wǒ dǎ diànhuà.

李红：好的，谢谢你！
Lǐ Hóng: Hǎode, xièxie nǐ!

根据对话内容填空，然后试着复述对话。Fill in the blanks according to the dialogue. Then try to retell the dialogue.

李 红 因为 1 ______，回了 一 趟 家，刚
Lǐ Hóng yīnwèi ______, huíle yí tàng jiā, gāng

2 ______。她 已经 3 ______，
______. Tā yǐjīng ______,

只是 4 ______。马修 感觉 她 5 ______
zhǐshì ______. Mǎxiū gǎnjué tā ______

______，李 红 告诉 他，自己 晚上 6 ______
______, Lǐ Hóng gàosu tā, zìjǐ wǎnshang ______

______，而且 7 ______，所以 脸色 8 ______
______, érqiě ______, suǒyǐ liǎnsè ______

______。她 已经 去 9 ______。
______. Tā yǐjīng qù ______.

扫描二维码，跟同伴一起说一说。Scan the QR code, and talk about the questions with your partner.

对话 2 Dialogue 2 10-04

In the classroom.

莎莎：老师，今天 我 能 早 点儿 走 吗？
Shāshā: Lǎoshī, jīntiān wǒ néng zǎo diǎnr zǒu ma?

老师：有 什么 事 吗？
Lǎoshī: Yǒu shénme shì ma?

莎莎：我 得 去 接 我 的 爷爷。
Shāshā: Wǒ děi qù jiē wǒ de yéye.

老师：哦。他来 中国 旅行吗？
Lǎoshī: Ò. Tā lái Zhōngguó lǚxíng ma?

莎莎：对。你看，这是我爷爷、奶奶的照片。
Shāshā: Duì. Nǐ kàn, zhè shì wǒ yéye, nǎinai de zhàopiàn.

老师：你爷爷很精神，身体一定不错。
Lǎoshī: Nǐ yéye hěn jīngshen, shēntǐ yídìng búcuò.

莎莎：他一直坚持锻炼，身体特别好。耳不聋，眼不花。
Shāshā: Tā yìzhí jiānchí duànliàn, shēntǐ tèbié hǎo. Ěr bù lóng, yǎn bù huā.

老师：你爷爷一个人来的吗？奶奶怎么没来？
Lǎoshī: Nǐ yéye yí ge rén lái de ma? Nǎinai zěnme méi lái?

莎莎：奶奶的腿脚不太好，走路还行，爬不了山。
Shāshā: Nǎinai de tuǐjiǎo bú tài hǎo, zǒulù hái xíng, pá bu liǎo shān.

老师：腿不好，出来旅行确实不方便。
Lǎoshī: Tuǐ bù hǎo, chūlái lǚxíng quèshí bù fāngbiàn.

莎莎：是啊，所以爷爷说要多照几张相给奶奶看。
Shāshā: Shì a, suǒyǐ yéye shuō yào duō zhào jǐ zhāng xiàng gěi nǎinai kàn.

老师：那就快去吧。好好儿照顾你爷爷。
Lǎoshī: Nà jiù kuài qù ba. Hǎohāor zhàogù nǐ yéye.

莎莎：谢谢老师！再见！
Shāshā: Xièxie lǎoshī! Zàijiàn!

根据对话内容，回答下面的问题。Answer the following questions according to the dialogue.

1. 莎莎 为 什么 要 早 点儿 走？
   Shāshā wèi shénme yào zǎo diǎnr zǒu?
2. 她 的 爷爷 来 中国 做 什么？
   Tā de yéye lái Zhōngguó zuò shénme?
3. 她 奶奶 为 什么 没 来？
   Tā nǎinai wèi shénme méi lái?

扫描二维码，跟同伴一起说一说。Scan the QR code, and talk about the questions with your partner.

对话 3 Dialogue 3 10-05

Inside the room of Chun Hyang's friend.

语言贴士

春香：喂！李 红 吗？我 是 春香。
Chūnxiāng: Wèi! Lǐ Hóng ma? Wǒ shì Chūnxiāng.

李红：春香，你 好！有 什么 事儿 吗？
Lǐ Hóng: Chūnxiāng, nǐ hǎo! Yǒu shénme shìr ma?

春香：李 红，你 现在 忙 吗？
Chūnxiāng: Lǐ Hóng, nǐ xiànzài máng ma?

李红：我 正 准备 去 上课 呢。
Lǐ Hóng: Wǒ zhèng zhǔnbèi qù shàngkè ne.

春香：我 的 朋友 很 难受，我 想 送 她 去 医院。
Chūnxiāng: Wǒ de péngyou hěn nánshòu, wǒ xiǎng sòng tā qù yīyuàn.

李 红： 我 能 帮 你 做 什么？
Lǐ Hóng: Wǒ néng bāng nǐ zuò shénme?

春香： 你告诉我到了医院怎么看病就行。
Chūnxiāng: Nǐ gàosu wǒ dàole yīyuàn zěnme kànbìng jiù xíng.

李 红： 你的 朋友 怎么不舒服？
Lǐ Hóng: Nǐ de péngyou zěnme bù shūfu?

春香： 她肚子疼，拉肚子，还吐，浑身 发① 冷。
Chūnxiāng: Tā dùzi téng, lādùzi, hái tù, húnshēn fā lěng.

李 红： 可能 是得了 肠胃炎。到了 医院 你们 先 找到 挂号处，挂 一 个 内科。
Lǐ Hóng: Kěnéng shì déle chángwèiyán. Dàole yīyuàn nǐmen xiān zhǎodào guàhàochù, guà yí ge nèikē.

春香： 要 等 多 长 时间？
Chūnxiāng: Yào děng duō cháng shíjiān?

李 红： 不一定，有时候 等 的 时间 比较 长。
Lǐ Hóng: Bù yídìng, yǒushíhou děng de shíjiān bǐjiào cháng.

春香： 哪个 医院 看病 比较 快？
Chūnxiāng: Nǎge yīyuàn kànbìng bǐjiào kuài?

李 红： 去 校医院 看看 吧，那儿 可能 比较 快。
Lǐ Hóng: Qù xiàoyīyuàn kànkan ba, nàr kěnéng bǐjiào kuài.

春香： 好的。我 现在 就 带 她 去。
Chūnxiāng: Hǎode. Wǒ xiànzài jiù dài tā qù.

李 红： 等 她 不 拉肚子 了，还 可以 去 看看 中医，调理 一下。
Lǐ Hóng: Děng tā bù lādùzi le, hái kěyǐ qù kànkan zhōngyī, tiáolǐ yíxià.

根据对话内容，回答下面的问题。Answer the following questions according to the dialogue.

1. 春香 为什么 给 李 红 打 电话？
   Chūnxiāng wèi shénme gěi Lǐ Hóng dǎ diànhuà?
2. 接 电话 的 时候 李 红 正在 做 什么？
   Jiē diànhuà de shíhou Lǐ Hóng zhèngzài zuò shénme?
3. 春香 需要 什么 帮助？
   Chūnxiāng xūyào shénme bāngzhù?
4. 春香 的 朋友 怎么 不 舒服？
   Chūnxiāng de péngyou zěnme bù shūfu?
5. 春香 的 朋友 应该 去 哪个 科 看病？
   Chūnxiāng de péngyou yīnggāi qù nǎge kē kànbìng?
6. 在 哪个 医院 看病 比较 快？
   Zài nǎge yīyuàn kànbìng bǐjiào kuài?

扫描二维码，跟同伴一起说一说。Scan the QR code, and talk about the questions with your partner.

朗读下面的短文，然后模仿短文说说你的情况。Read the following passage aloud, then use the passage as a model to talk about your experience. 10-06

我 喜欢 运动，也 很 注意 锻炼 身体，我 的 身体 一直 很 不错，
Wǒ xǐhuan yùndòng, yě hěn zhùyì duànliàn shēntǐ, wǒ de shēntǐ yìzhí hěn búcuò,
很 少 生病。刚 来 中国 的 时候，因为 有 点儿 不 习惯，所以
hěn shǎo shēngbìng. Gāng lái Zhōngguó de shíhou, yīnwèi yǒu diǎnr bù xíguàn, suǒyǐ
身体 经常 感到（feel）有些 不 舒服，还 拉过 几 次 肚子，但是 我 还
shēntǐ jīngcháng gǎndào yǒuxiē bù shūfu, hái lāguo jǐ cì dùzi, dànshì wǒ hái
没有 去过 这里 的 医院。因为 来 这里 以前，妈妈 担心 我 看病 不
méiyǒu qùguo zhèli de yīyuàn. Yīnwèi lái zhèli yǐqián, māma dānxīn wǒ kànbìng bù

方便，给我准备了很多药。不舒服的时候，我就吃自己带来的
fāngbiàn, gěi wǒ zhǔnbèile hěn duō yào. Bù shūfu de shíhou, wǒ jiù chī zìjǐ dàilai de
药。现在我的汉语水平比以前好多了，自己也能去医院看病
yào. Xiànzài wǒ de Hànyǔ shuǐpíng bǐ yǐqián hǎo duō le, zìjǐ yě néng qù yīyuàn kànbìng
了。听我的同屋说，在学校的医院看病很方便。
le. Tīng wǒ de tóngwū shuō, zài xuéxiào de yīyuàn kànbìng hěn fāngbiàn.

交际活动 Communication Activities

双人活动 Pair Work

1 看图片，和同伴一起说说你们知道哪些身体部位的名称。Look at the picture, and talk about the names of different body parts you know with a partner.

You can ask other classmates if you don't know some parts. 

2 两人一组，一人用手指某一个身体部位，另一人迅速用汉语说出这个部位的名称。Work in pairs. One student points at a body part, the other student quickly says the name of it in Chinese.

You should gradually speed up. 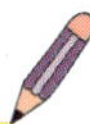

小组活动 Group Activity

三人一组，先利用下面的表格准备一下，然后和同伴们一起说说，如果遇到这些情况，应该怎么向老师请假。Work in groups of three. Fill out the following table to prepare, then talk to your partner about how to ask for leave if the following situations happen.

Symptoms	What to say to the doctor?	How to get better?
头疼 tóu téng	医生，我头疼。 Yīshēng, wǒ tóu téng.	休息，多睡觉。可能还要吃药。 Xiūxi, duō shuìjiào. Kěnéng hái yào chīyào.
眼睛 ______ yǎnjing		
鼻子 ______ bízi		
腿 ______ tuǐ		
牙 ______ yá		

全班活动 Full-Class Activity

全班同学分为两组，每组分别选择一组图片，看图编故事，看哪组编得最好。Divide the whole class into two teams. Each team chooses a story, and tells a story based on the pictures. See which team's story is the best.

Word Bank

受伤 shòushāng to hurt	撞 zhuàng to hit	摔 shuāi to fall	口罩 kǒuzhào mask	手绢 shǒujuàn handkerchief

You can select a story that you think is better to act out for the class. Prepare your lines. 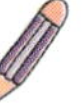

2

课堂内外 Inside and Outside the Classroom

1 课后问问你的中国朋友，中国的医院是怎么挂号看病的。After class, ask your Chinese friend how to register and see a doctor at a Chinese hospital.

2 和你的中国朋友聊一聊中医、中药，然后一起去卖中药的地方看看。Talk to your Chinese friends about traditional Chinese medicine and Chinese herbs, then go to a Chinese herb shop to have a look.

复习与总结 Review and Sum-Up

1. 在这一课你学会了什么？试着写出你记住的词语。What did you learn in this lesson? Try to write down the words you remember.

You can also write in *Pinyin*. 

2. 替换。Substitute.

1. 我 刚 回来 没 几 天。
Wǒ gāng huílai méi jǐ tiān.

几 天 jǐ tiān
多 长 时间 duō cháng shíjiān
几 周 jǐ zhōu
几 个 月 jǐ ge yuè

2. 爷爷 一直 坚持 锻炼，身体 特别 好。
Yéye yìzhí jiānchí duànliàn, shēntǐ tèbié hǎo.

爷爷 Yéye	一直 坚持 锻炼 yìzhí jiānchí duànliàn
奶奶 Nǎinai	天 天 坚持 散步 tiān tiān jiānchí sànbù
妈妈 Māma	每 天 都 运动 měi tiān dōu yùndòng
爸爸 Bàba	喜欢 打 篮球 xǐhuan dǎ lánqiú

3. 今天 我 能 早点儿 走 吗？
Jīntiān wǒ néng zǎodiǎnr zǒu ma?

早点儿 走 zǎodiǎnr zǒu
休息 一 天 xiūxi yì tiān
不 吃 药 bù chī yào
不 上课 bú shàngkè

4. 我 的 朋友 很 难受，我 想 送 她 去 医院。
Wǒ de péngyou hěn nánshòu, wǒ xiǎng sòng tā qù yīyuàn.

很 难受 hěn nánshòu	送 sòng	去 医院 qù yīyuàn
要 走 了 yào zǒu le	送 sòng	去 机场 qù jīchǎng
不 舒服 bù shūfu	陪 péi	去 看病 qù kànbìng
有 事儿 yǒu shìr	帮 bāng	请假 qǐngjià

3. 用“只是”和所给词语完成下面的对话。Use 只是 and the given words to complete the following conversations.

1 A：你不喜欢这里的生活吗？
Nǐ bù xǐhuan zhèli de shēnghuó ma?

B：________________。 习惯 xíguàn

2 A：你不认识他吗？
Nǐ bú rènshi tā ma?

B：________________。 了解 liǎojiě

3 A：他不愿意参加今天的活动？
Tā bú yuànyì cānjiā jīntiān de huódòng?

B：________________。 明天有考试 míngtiān yǒu kǎoshì

4 A：你觉得这件衣服不好看吗？
Nǐ juéde zhè jiàn yīfu bù hǎokàn ma?

B：________________。 有点儿贵 yǒu diǎnr guì

4. 模仿例句，完成下面的对话。Imitate the example to complete the following conversations.

例 A：你们明天去爬山吗？
Nǐmen míngtiān qù páshān ma?

B：不一定，如果下雨就不去了________________。

1 A：你明天去逛商店吗？
Nǐ míngtiān qù guàng shāngdiàn ma?

B：________________。

2 A：明天不会下雨吧？
Míngtiān bú huì xiàyǔ ba?

B：________________。

③ A：现在去电影院买不到票了吧？
Xiànzài qù diànyǐngyuàn mǎi bu dào piào le ba?

B：____。

④ A：我们别去了，周末饭馆儿的人很多。
Wǒmen bié qù le, zhōumò fànguǎnr de rén hěn duō.

B：____。

5. 你学会怎么说明身体状况了吗？遇到问题需要请假时你知道怎么说了吗？去医院看病时你可以说什么？利用下面的表格复习一下。Can you explain your body condition now? Do you know how to ask for a day off when you have problems? What can you say when you see a doctor at the hospital? Use the following table to review.

Situations	What to say?
① Healthy	
② Unhealthy	
③ Not used to the food	
④ Not used to the living situations	
⑤ Taking a day off to go to the airport	
⑥ Taking a day off to take care of a friend	
⑦ Taking a day off when sick	

我要理发。
Wǒ yào lǐfà.

I want to get a haircut.

目标 Objectives

1. 复习提建议的常用语句。Review the common expressions for giving suggestions.
2. 学会去理发店理发的常用语句。Learn the common expressions for getting a haircut at the barber shop.
3. 学会简单说明自己对发型的要求。Learn to simply describe your desired hairstyle.
4. 学会简单介绍和评价发型。Learn to give basic introduction and comments on hairstyles.

准备 Preparation

1 看图片，向同伴提问题和建议。Look at the pictures, ask questions and give suggestions to your partner.

① 

② 

③ 

④ 

Sentence Pattern

你 想 不 想 ……？
Nǐ xiǎng bu xiǎng ...？

我们 …… 吧？
Wǒmen ... ba?

2 和同伴一起说一说。Talk about the following questions with your partner.

① 在家的时候，你一般多长时间理一次发？
Zài jiā de shíhou, nǐ yìbān duō cháng shíjiān lǐ yí cì fà?
When you were at home, how often did you get a haircut?

② 来这个学校以后，你理过发吗？为什么？
Lái zhège xuéxiào yǐhòu, nǐ lǐguo fà ma? Wèi shéme?
Since you came to this school, have you had a haircut? Why?

3 你 知道 哪些 跟 理发 有关 的 词语？把 它们 写 在 下面。
Nǐ zhīdào nǎxiē gēn lǐfà yǒuguān de cíyǔ? Bǎ tāmen xiě zài xiàmian.
What words related to haircuts do you know? Write them down in the following box.

词语 Vocabulary 11-01

理（发）	洗	干洗	剪	吹	烫（发）	染（发）
lǐ (fà)	xǐ	gānxǐ	jiǎn	chuī	tàng (fà)	rǎn (fà)
to have a haircut	to wash	to dry wash	to cut	to dry	to perm (hair)	to dye (hair)

选	发型	平头	寸头	长发
xuǎn	fàxíng	píngtóu	cùntóu	chángfà
to pick, to choose	hairstyle	short hair	buzz cut	long hair

合适	凉快
héshì	liángkuai
appropriate	cool

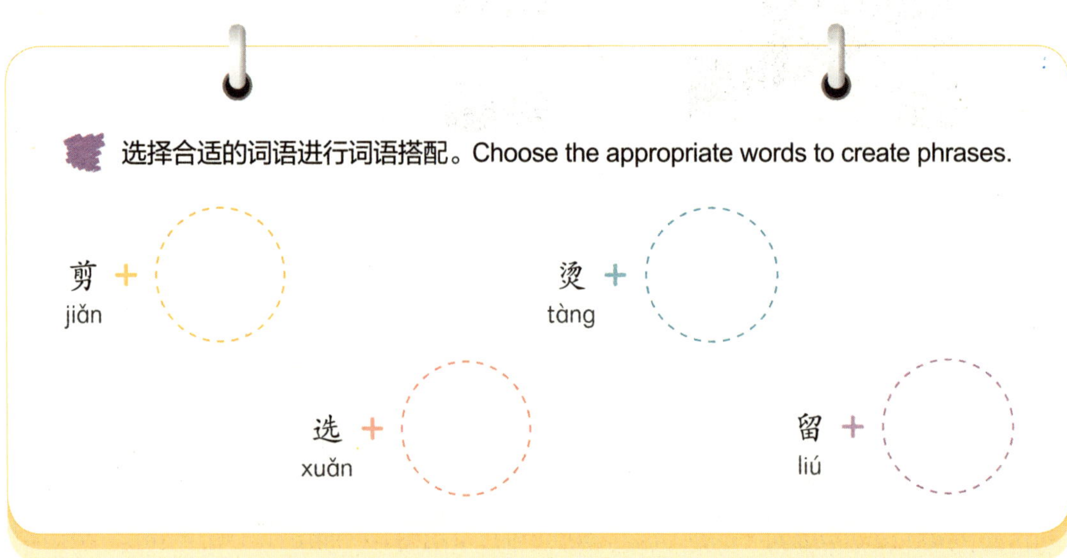

句子 Sentences

1 听录音，填词语，然后朗读句子。Listen to the recording and fill in the blanks. Then read the sentences aloud. 🎧 11-02

1. 我想理个______。
Wǒ xiǎng lǐ ge ______.

2. 那位先生理的是什么______？
Nà wèi xiānsheng lǐ de shì shénme ______?

3. 想______理呀？
Xiǎng ______ lǐ ya?

4. ______一下，______一点点就行。
______ yíxià, ______ yìdiǎndiǎn jiù xíng.

5. 你的头发很好，______烫一下？
Nǐ de tóufa hěn hǎo, ______ tàng yíxià?

6. 剪完______吧。
Jiǎnwán ______ ba.

7. 想______个什么样的发型？
Xiǎng ______ ge shénmeyàng de fàxíng?

8. 我想______，还想把下面烫一下。
Wǒ xiǎng ______, hái xiǎng bǎ xiàmian tàng yíxià.

9. 把下面______就行了。
Bǎ xiàmian ______ jiù xíng le.

10. 这个发型漂亮，也挺______我的。
Zhège fàxíng piàoliang, yě tǐng ______ wǒ de.

2 看图片，跟同伴一起说说图片中的人可能在说什么。Look at the pictures, and discuss with your partner what the people in the pictures might be saying.

1

2

3

3 和同伴一起，选择合适的句子完成对话。Use the appropriate sentences to complete the conversations with your partner.

1. A：师傅，我 想 理发。
   Shīfu, wǒ xiǎng lǐfà.

   B：________________？

2. A：________________？

   B：剪 短 一点儿 就 行。
   Jiǎn duǎn yìdiǎnr jiù xíng.

3. A：我 给 你 剪 短 一点儿，好 吗？
   Wǒ gěi nǐ jiǎn duǎn yìdiǎnr, hǎo ma?

   B：________________。

4. A：怎么样？ 满意 吗？
   Zěnmeyàng? Mǎnyì ma?

   B：________________。

对话 1 Dialogue 1 11-03

At the barber shop.

师傅：先生，想 理 个 什么 发型？
Shīfu：Xiānsheng, xiǎng lǐ ge shénme fàxíng?

马修：我 想 理 个 平头。
Mǎxiū：Wǒ xiǎng lǐ ge píngtóu.

师傅：可以。天 热，理 短 一点儿 凉快。
Shīfu：Kěyǐ. Tiān rè, lǐ duǎn yìdiǎnr liángkuai.

马修：那 位 先生 理 的 是 什么 发型？
Mǎxiū：Nà wèi xiānsheng lǐ de shì shénme fàxíng?

师傅：那 种 发型 我们 叫 寸头。
Shīfu：Nà zhǒng fàxíng wǒmen jiào cùntóu.

马修：我 就 想 理 那样 的。
Mǎxiū：Wǒ jiù xiǎng lǐ nàyàng de.

师傅：好的。先 洗 头 吧。
Shīfu：Hǎode. Xiān xǐ tóu ba.

马修：我 想 干洗。
Mǎxiū：Wǒ xiǎng gānxǐ.

师傅：没 问题。
Shīfu：Méi wèntí.

根据对话内容，回答下面的问题。Answer the following questions according to the dialogue.

1. 马修 想 理 什么 头？
   Mǎxiū xiǎng lǐ shénme tóu?
2. 师傅 觉得 怎么样？
   Shīfu juéde zěnmeyàng?
3. 马修 喜欢 的 是 什么 发型？
   Mǎxiū xǐhuan de shì shénme fàxíng?
4. 理发 以前 先 做 什么？
   Lǐfà yǐqián xiān zuò shénme?

扫描二维码，跟同伴一起说一说。Scan the QR code, and talk about the questions with your partner.

对话 2 Dialogue 2 11-04

At the barber shop.

山下：师傅，我要理发。
Shānxià: Shīfu, wǒ yào lǐfà.

师傅：请这边坐。想怎么理呀？
Shīfu: Qǐng zhèbian zuò. Xiǎng zěnme lǐ ya?

山下：修[①]一下，剪一点点[②]就行。
Shānxià: Xiū yíxià, jiǎn yìdiǎndiǎn jiù xíng.

师傅：你的头发很好，想不想烫一下？
Shīfu: Nǐ de tóufà hěn hǎo, xiǎng bu xiǎng tàng yí xià?

山下：不要。剪完吹一吹[③]吧。
Shānxià: Búyào. Jiǎn wán chuī yi chuī ba.

师傅：好的。先洗头吧。
Shīfu: Hǎode. Xiān xǐtóu ba.

山下：师傅，两边不要剪短，不适合我。
Shānxià: Shīfu, liǎngbiān búyào jiǎn duǎn, bú shìhé wǒ.

师傅：好的。
Shīfu: Hǎode.

A little while later.

师傅：你看，这样可以吗？
Shīfu: Nǐ kàn, zhèyàng kěyǐ ma?

山下：后面再剪短一点儿。
Shānxià: Hòumian zài jiǎn duǎn yìdiǎnr.

师傅：没问题。
Shīfu: Méi wèntí.

山下：我 想 看看 后面。
Shānxià: Wǒ xiǎng kànkan hòumian.

师傅：我 给 你 照[4]。你 看 怎么样？
Shīfu: Wǒ gěi nǐ zhào. Nǐ kàn zěnmeyàng?

山下：可以 了。谢谢 师傅！
Shānxià: Kěyǐ le. Xièxie shīfu!

1 根据对话内容，回答下面的问题。Answer the following questions according to the dialogue.

1. 山下 今天 理发 时 对 师傅 都 提出了 哪些 要求？
   Shānxià jīntiān lǐfà shí duì shīfu dōu tíchūle nǎxiē yāoqiú?
2. 师傅 是 按照（according to）他 的 要求 做 的 吗？
   Shīfu shì ànzhào tā de yāoqiú zuò de ma?
3. 山下 满意 吗？
   Shānxià mǎnyì ma?

2 根据对话内容填空，然后试着复述对话。Fill in the blanks according to the dialogue. Then try to retell the dialogue.

山下 的 头发 长 了，他 想 ① ________，
Shānxià de tóufà cháng le, tā xiǎng ________,
师傅 问 他 ② ________。山下 还 特别 告诉
shīfu wèn tā ________. Shānxià hái tèbié gàosu
师傅 ③ ________。师傅 剪完 以后 ④ ________
shīfu ________. Shīfu jiǎnwán yǐhòu ________
________，可是 山下 觉得 ⑤ ________
________, kěshì Shānxià juéde ________
________。最后 ⑥ ________。
________. Zuìhòu ________.

对话 3 Dialogue 3 11-05

At the hair salon.

师傅：你好！该你了。
Shīfu: Nǐ hǎo! Gāi nǐ le.

莎莎：好的。先洗一下头吗？
Shāshā: Hǎode. Xiān xǐ yíxià tóu ma?

师傅：对，这边坐。想做[①]个什么样的发型？
Shīfu: Duì, zhèbian zuò. Xiǎng zuò ge shénmeyàng de fàxíng?

莎莎：我想染发，还想把下面烫一下。
Shāshā: Wǒ xiǎng rǎnfà, hái xiǎng bǎ xiàmian tàng yíxià.

师傅：好的。你先选一下颜色吧。
Shīfu: Hǎode. Nǐ xiān xuǎn yíxià yánsè ba.

莎莎：我要染这个颜色。
Shāshā: Wǒ yào rǎn zhège yánsè.

师傅：好的。要不要剪短一点儿？
Shīfu: Hǎode. Yào bu yào jiǎn duǎn yìdiǎnr?

莎莎：不要。现在长短合适，把下面修一修就行了。
Shāshā: Búyào. Xiànzài chángduǎn héshì, bǎ xiàmian xiū yi xiū jiù xíng le.

师傅：你喜欢长发吗？
Shīfu: Nǐ xǐhuan chángfà ma?

莎莎：对，我还想留长一点儿。
Shāshā: Duì, wǒ hái xiǎng liú cháng yìdiǎnr.

师傅：你看，这个发型可以吗？
Shīfu: Nǐ kàn, zhège fàxíng kěyǐ ma?

莎莎：这个 花 太 小 了，我 想 烫 大 花。
Shāshā: Zhège huā tài xiǎo le, wǒ xiǎng tàng dà huā.

师傅：这个 怎么样？
Shīfu: Zhège zěnmeyàng?

莎莎：这个 发型 漂亮，也 挺 适合 我 的。就 做 这样 的 吧。
Shāshā: Zhège fàxíng piàoliang, yě tǐng shìhé wǒ de. Jiù zuò zhèyàng de ba.

根据对话内容，回答下面的问题。Answer the following questions according to the dialogue.

1. 莎莎 想 做 什么样 的 发型？
Shāshā xiǎng zuò shénmeyàng de fàxíng?
2. 她 今天 要 不 要 剪 短 一点儿？
Tā jīntiān yào bu yào jiǎn duǎn yìdiǎnr?
3. 莎莎 喜欢 长发 还是 短发？
Shāshā xǐhuan chángfà háishì duǎnfà?
4. 师傅 介绍 的 发型，莎莎 觉得 怎么样？
Shīfu jièshào de fàxíng, Shāshā juéde zěnmeyàng?

扫描二维码，跟同伴一起说一说。Scan the QR code, and talk about the questions with your partner.

朗读下面的短文，然后模仿短文说说你的情况。Read the following passage aloud, then use the passage as a model to talk about your situation. 🎧 11-06

我的头发长得特别快，在家的时候，一个月就要去理
Wǒ de tóufa zhǎng de tèbié kuài, zài jiā de shíhou, yí ge yuè jiù yào qù lǐ

一次发。来到这个学校以后，我一次也没理过，所以头发已经
yí cì fà. Láidào zhège xuéxiào yǐhòu, wǒ yí cì yě méi lǐguo, suǒyǐ tóufa yǐjīng

长长了。天气热的时候很难受。学校附近有很多理发店
zhǎng cháng le. Tiānqì rè de shíhou hěn nánshòu. Xuéxiào fùjìn yǒu hěn duō lǐfàdiàn,

（barber shop）、美发厅（hair salon），可是我不知道应该去哪一
měifàtīng, kěshì wǒ bù zhīdào yīnggāi qù nǎ yì

家，而且我担心自己说不清楚。周末我要去理发，我看见
jiā, érqiě wǒ dānxīn zìjǐ shuō bu qīngchu. Zhōumò wǒ yào qù lǐfà, wǒ kànjiàn

学校东门旁边的那一家人挺多的，应该理得不错。我
xuéxiào dōngmén pángbiān de nà yì jiā rén tǐng duō de, yīnggāi lǐ de búcuò. Wǒ

打算去试一试。
dǎsuàn qù shì yi shì.

交际活动 Communication Activities

双人活动 Pair Work

看图片，和同伴一起说说下面几个地方一般有什么区别，人们去那儿可以做什么。Look at the following pictures, talk with a partner about how the following places are different from each other and what people generally do there.

1

2

3

Word Bank

理发 lǐfà	剪发 jiǎnfà	烫发 tàngfà	直发 zhífà straight hair	染发 rǎnfà

小组活动 Group Activity

1 三人一组，看看下面几种发型你喜欢哪一种，和同伴们说说为什么。Work in groups of three. Look at the following hairstyles and see which one you like. Talk to your partner about the reason you like it.

If you don't like any of the hairstyles in the pictures, you can draw one for your group members.

2 和同伴说说你喜欢班里哪位同学的发型。为什么？Talk with your partner about certain hairstyle of your classmate's you like. Why?

小组活动后您可以让每个小组说说他们的看法，和大家交流一下。

全班活动 Full-Class Activity

三人一组，看图编故事并表演。Work in groups of three. Based on the pictures, tell a story and perform.

1

2

4

3

?

课堂内外 Inside and Outside the Classroom

课后和同伴一起去附近的理发店观察一下，进去问问发型和价钱，也可以和理发师聊一聊。Go to a nearby barber shop with a partner after class. You can observe for a while, then go into the shop and ask about price and hairstyles. You can also talk to the hairstylist.

游戏：词语接龙 Game: Words Solitaire

老师指定一名学生作为开始的人，这名学生从学过的词语中任意说出一个词语，旁边的同学要说出一个和上一个词语中的一个字相同的词语。以此类推。接不上来的同学要受到小小的“惩罚”。The teacher appoints a student to start. This student should randomly say a word he or she has learned. The student sitting next to that person says another word beginning with the one character of the word the last student said. The game goes on repeatedly. Those who cannot give a word will receive a little “punishment”.

上课 shàngkè —— 上午 shàngwǔ —— 下午 xiàwǔ —— 中午 zhōngwǔ —— 中国 Zhōngguó ……

您可以选择任何一个词开始，也可以让学生选。

复习与总结 Review and Sum-Up

1. 在这一课你学会了什么？试着写出你记住的词语。What did you learn in this lesson? Try to write down the words you remember.

You can also write in *Pinyin*.

2. 替换。Substitute.

1 我就想 Wǒ jiù xiǎng

理 lǐ	那样的 nà yàng de
吃 chī	苹果 píngguǒ
去 qù	香山 Xiāng Shān
学 xué	汉语 Hànyǔ

。.

2 想 Xiǎng

做 zuò	个 ge	什么样的 shénmeyàng de	发型 fàxíng
买 mǎi	件 jiàn		衣服 yīfu
找 zhǎo	个 ge		工作 gōngzuò
看 kàn	场 chǎng		电影 diànyǐng

？?

3 该 Gāi

你 nǐ
起床 qǐchuáng
走 zǒu
你说 nǐ shuō

了。le.

4 你看，Nǐ kàn,

这个发型 zhège fàxíng
明天去 míngtiān qù
这样 zhèyàng
让大卫参加 ràng Dàwèi cānjiā

可以吗？kěyǐ ma?

3. 用动词重叠式完成下面的对话。Use verb reduplication to complete the following conversations.

1 A：我的手机坏了。
Wǒ de shǒujī huài le.

B：______________________。 看 kàn

2 A：你觉得这件衣服我能穿吗？
Nǐ juéde zhè jiàn yīfu wǒ néng chuān ma?

B：______________________。 试 shì

3 A：我的钥匙丢了，怎么办呢？
Wǒ de yàoshi diū le, zěnme bàn ne?

B：______________________。 找 zhǎo

4 A：这种苹果好吃吗？
Zhè zhǒng píngguǒ hǎochī ma?

B：______________________。 尝 cháng

4. 用"该……了"完成下面的对话。Use 该……了 to complete the following conversations.

1 A：春天到了，你怎么还穿这么厚的衣服？
Chūntiān dào le, nǐ zěnme hái chuān zhème hòu de yīfu?

B：______________________。

2 A：天气越来越暖和了。
Tiānqì yuèlái yuè nuǎnhuo le.

B：是啊！______________________。
Shì a!

3 A：______________________。

B：谢谢！我马上就到了。
Xièxie! Wǒ mǎshàng jiù dào le.

4 A：你饿吗？我都饿了。
Nǐ è ma? Wǒ dōu è le.

B：______________________。

5. 你学会了在理发店怎么提要求了吗？你学会了哪些去理发的时候可以说的话？利用下面的表格复习一下。Can you make your requests at the barber shop now? What expressions have you learned when getting a haircut? Use the following table to review.

Situations	What to say?
① Describe your ideal hairstyle	
② Make your specific requirements	
③ Make sure what the back looks like	
④ Want to get a perm	
⑤ Want to dye your hair	
⑥ Want to grow your hair long	
⑦ Want to cut your hair short	

第12课 我边学边忘。

Wǒ biān xué biān wàng.

I keep forgetting as I learn.

目标 Objectives

1、复习跟学习语言有关的词语。Review the words related to language learning.

2、学会询问和介绍跟学习汉语有关的问题。Learn to ask and describe problems related to Chinese learning.

3、学会简单介绍考试的情况。Learn to introduce the outcomes of an exam.

4、学会简单介绍学习方法。Learn to simply introduce learning methods.

准备 Preparation

1 在图片下面写出合适的词语，然后用这些词语介绍一下自己学习汉语的情况。Write down the correct words under the pictures, then use these words to introduce your Chinese learning progress.

① 

② 

③ 

④ 

2 这个学期你们有哪些课？和同伴一起谈谈在每门课上你们都学习什么？What classes are you taking this semester? Talk to your partner about what you learn in each class.

3 看图片，说说这两个人的特点，以及学习汉语时方法、难点的不同。Look at the pictures, talk about the features of the two Chinese learners as well as their methods, and difficulties while learning.

1

2

词语 Vocabulary 12-01

法律	系	词语	方面
fǎlǜ	xì	cíyǔ	fāngmiàn
law	department	word	aspect

回答	正确
huídá	zhèngquè
to answer	correct

主要	根本
zhǔyào	gēnběn
main	at all

够	重视	谦虚
gòu	zhòngshì	qiānxū
enough	to value	humble

不如	不然	怪不得
bùrú	bùrán	guàibudé
not as good as	otherwise	no wonder

去年	开玩笑
qùnián	kāiwánxiào
last year	joking

噢	叮咚
ō	dīngdōng
modal particle, oh	*mimetic word*, bingo

Proper Noun

俄语
Éyǔ
Russian

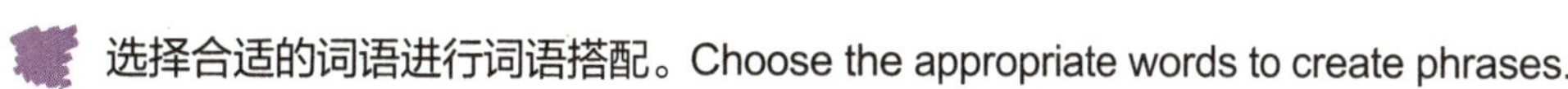
选择合适的词语进行词语搭配。Choose the appropriate words to create phrases.

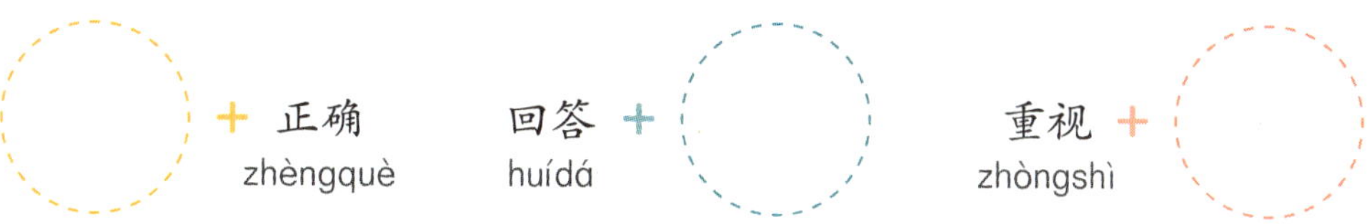

句子 Sentences

1 听录音，填词语，然后朗读句子。Listen to the recording and fill in the blanks. Then read the sentences aloud. 12-02

1. 我学了快一年了，可是我________。
   Wǒ xuéle kuài yì nián le, kěshì wǒ ________.
2. 中国朋友多，说汉语的________就多嘛。
   Zhōngguó péngyou duō, shuō Hànyǔ de ________ jiù duō ma.
3. 他学了很多年俄语，可是________。
   Tā xuéle hěn duō nián Éyǔ, kěshì ________.
4. 老师，这次我________得怎么样？
   Lǎoshī, zhè cì wǒ ________ de zěnmeyàng?
5. 还可以，但是________上一次。
   Hái kěyǐ, dànshì ________ shàng yí cì.
6. 最近我们学的________越来越多，也越来越难。
   Zuìjìn wǒmen xué de ________ yuèlái yuè duō, yě yuèlái yuè nán.
7. 学过的词语一定要多用，________很快就忘了。
   Xuéguo de cíyǔ yídìng yào duō yòng, ________ hěn kuài jiù wàng le.
8. 学的词语越多，考试________应该会越好。
   Xué de cíyǔ yuè duō, kǎoshì ________ yīnggāi huì yuè hǎo.
9. 我刚学汉语的时候，很________写汉字。
   Wǒ gāng xué Hànyǔ de shíhou, hěn ________ xiě Hànzì.

⑩ 我 以后 一定 ______ 多 练习 写 汉字。
Wǒ yǐhòu yídìng ______ duō liànxí xiě Hànzì.

2 看图片，跟同伴一起说说图片中的人可能在说什么。Look at the pictures, and discuss with your partner what the people in the pictures might be saying.

① 

② 

③ 

3 和同伴一起，选择合适的句子完成对话。Use the appropriate sentences to complete the conversations with your partner.

① A：你 下课 以后 练习 汉字 吗？
Nǐ xiàkè yǐhòu liànxí Hànzì ma?

B：______。

② A：你 为 什么 有 那么 多 中国 朋友？
Nǐ wèi shénme yǒu nàme duō Zhōngguó péngyou?

B：______。

③ A：生词 很 多，记 不 住 怎么 办？
Shēngcí hěn duō, jì bu zhù zěnme bàn?

B：______。

④ A：______？

B：对。可是，我 边 学 边 忘。
Duì. Kěshì, wǒ biān xué biān wàng.

对话1 Dialogue 1 12-03

On the campus.

莎莎： 山下，你的汉语真好！
Shāshā: Shānxià, nǐ de Hànyǔ zhēn hǎo!

山下： 哪里哪里。我都学了两年多了。你呢？
Shānxià: Nǎli nǎlǐ. Wǒ dōu xuéle liǎng nián duō le. Nǐ ne?

莎莎： 我学了快一年了，可是我边学边忘。
Shāshā: Wǒ xuéle kuài yì nián le, kěshì wǒ biān xué biān wàng.

山下： 我们日本人可能记汉字比较容易。
Shānxià: Wǒmen Rìběnrén kěnéng jì Hànzì bǐjiào róngyì.

莎莎： 汉字对我来说最难了。
Shāshā: Hànzì duì wǒ lái shuō zuì nán le.

山下： 可是，你的口语比我好多了。
Shānxià: Kěshì, nǐ de kǒuyǔ bǐ wǒ hǎo duō le.

莎莎： 真的吗？你太谦虚了吧！
Shāshā: Zhēn de ma? Nǐ tài qiānxū le ba!

山下： 真的。我学了一年的时候，会说的话很少。
Shānxià: Zhēn de. Wǒ xuéle yì nián de shíhou, huì shuō de huà hěn shǎo.

莎莎： 那时候你在中国吗？
Shāshā: Nà shíhou nǐ zài Zhōngguó ma?

山下： 在日本。我去年才来中国。
Shānxià: Zài Rìběn. Wǒ qùnián cái lái Zhōngguó.

莎莎： Shāshā:	怪不得[①]呢。那是因为你说汉语的机会太少了。 Guàibude ne. Nà shì yīnwèi nǐ shuō Hànyǔ de jīhuì tài shǎo le.
山下： Shānxià:	是啊！在日本我很少有机会说汉语。 Shì a! Zài Rìběn wǒ hěn shǎo yǒu jīhuì shuō Hànyǔ.

根据对话内容，选择合适的句子跟同伴说话。Choose the appropriate sentences according to the dialogue, and talk with your partner.

How to ask?	How to answer?
① 山下学了多长时间汉语了？ Shānxià xuéle duō cháng shíjiān Hànyǔ le?	
② 对莎莎来说，学什么特别难？ Duì Shāshā lái shuō, xué shénme tèbié nán?	
③ 莎莎和山下谁的口语好？ Shāshā hé Shānxià shuí de kǒuyǔ hǎo?	
④ 山下的口语为什么不太好？ Shānxià de kǒuyǔ wèi shénme bú tài hǎo?	

扫描二维码，跟同伴一起说一说。Scan the QR code, and talk about the questions with your partner.

对话 2 Dialogue 2 12-04

At the international student canteen.

乔丹：莎莎，你有朋友吗？
Qiáodān: Shāshā, nǐ yǒu péngyou ma?

莎莎：谁没有朋友啊！你说的是什么样的朋友？
Shāshā: Shuí méiyǒu péngyou a! Nǐ shuō de shì shénmeyàng de péngyou?

乔丹：当然是男朋友了。我给你介绍一个怎么样？
Qiáodān: Dāngrán shì nánpéngyou le. Wǒ gěi nǐ jièshào yí ge zěnmeyàng?

莎莎：男朋友有一个就够了。
Shāshā: Nánpéngyou yǒu yí ge jiù gòu le.

乔丹：不开玩笑了。我想给你介绍一个中国朋友。
Qiáodān: Bù kāiwánxiào le. Wǒ xiǎng gěi nǐ jièshào yí ge Zhōngguó péngyou.

莎莎：好啊，中国朋友多，说汉语的机会就多嘛。
Shāshā: Hǎo a, Zhōngguó péngyou duō, shuō Hànyǔ de jīhui jiù duō ma.

乔丹：他是一个很帅的中国小伙子。
Qiáodān: Tā shì yí ge hěn shuài de Zhōngguó xiǎohuǒzi.

莎莎：也是咱们学校的学生吗？
Shāshā: Yě shì zánmen xuéxiào de xuésheng ma?

乔丹：对。是法律系的研究生。
Qiáodān: Duì. Shì fǎlǜ xì de yánjiūshēng.

莎莎：我 想 知道 你 为 什么 给 我 介绍。
Shāshā: Wǒ xiǎng zhīdào nǐ wèi shénme gěi wǒ jièshào.

乔丹：他 学了 很 多 年 俄语，可是 说 得 不 好。
Qiáodān: Tā xuéle hěn duō nián Éyǔ, kěshì shuō de bù hǎo.

莎莎：噢①，我 知道 了，他 想 和 我 互相 学习！
Shāshā: Ō, wǒ zhīdào le, tā xiǎng hé wǒ hùxiāng xuéxí!

乔丹：叮咚！回答 正确！
Qiáodān: Dīngdōng! Huídá zhèngquè!

莎莎：可以。正好 最近 我 也 有 一些 学习 方面 的 问题。
Shāshā: Kěyǐ. Zhènghǎo zuìjìn wǒ yě yǒu yìxiē xuéxí fāngmian de wèntí.

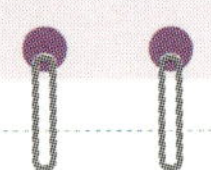

根据对话内容，回答下面的问题。Answer the following questions according to the dialogue.

1. 莎莎 有 朋友 吗？有 男朋友 吗？
   Shāshā yǒu péngyou ma? Yǒu nánpéngyou ma?
2. 乔丹 想 给 莎莎 介绍 男朋友 吗？
   Qiáodān xiǎng gěi Shāshā jièshào nánpéngyou ma?
3. 乔丹 给 她 介绍了 一 个 什么样 的 朋友？
   Qiáodān gěi tā jièshàole yí ge shénmeyàng de péngyou?
4. 乔丹 为 什么 给 莎莎 介绍 这个 朋友？
   Qiáodān wèi shénme gěi Shāshā jièshào zhège péngyou?
5. 莎莎 愿意 认识 这样 的 朋友 吗？
   Shāshā yuànyì rènshi zhèyàng de péngyou ma?

扫描二维码，跟同伴一起说一说。Scan the QR code, and talk about the questions with your partner.

对话 3 Dialogue 3 12-05

In the classroom.

春香：老师，这次我考得怎么样？
Chūnxiāng: Lǎoshī, zhè cì wǒ kǎo de zěnmeyàng?

老师：还可以，但是不如[①]上一次[②]。
Lǎoshī: Hái kěyǐ, dànshì bùrú shàng yí cì.

语言贴士

春香：主要是什么问题？
Chūnxiāng: Zhǔyào shì shénme wèntí?

老师：词语和汉字的问题比较多。
Lǎoshī: Cíyǔ hé Hànzì de wèntí bǐjiào duō.

春香：最近我们学的词语越来越多，也越来越难。
Chūnxiāng: Zuìjìn wǒmen xué de cíyǔ yuèlái yuè duō, yě yuèlái yuè nán.

老师：所以学过的词语一定要多用，不然很快就忘了。
Lǎoshī: Suǒyǐ xuéguo de cíyǔ yídìng yào duō yòng, bùrán hěnkuài jiù wàng le.

春香：可是我没有时间复习。
Chūnxiāng: Kěshì wǒ méiyǒu shíjiān fùxí.

老师：为什么？
Lǎoshī: Wèi shénme?

春香：下个月[③]我要参加汉语水平考试。
Chūnxiāng: Xià ge yuè wǒ yào cānjiā Hànyǔ Shuǐpíng Kǎoshì.

老师：学的词语越多，考试成绩应该会越好，你说对吗？
Lǎoshī: Xué de cíyǔ yuè duō, kǎoshì chéngjì yīnggāi huì yuè hǎo, nǐ shuō duì ma?

春香：对。老师，我的汉字也错了很多吗？
Chūnxiāng: Duì. Lǎoshī, wǒ de Hànzì yě cuòle hěn duō ma?

老师：错了不少呢。
Lǎoshī: Cuòle bù shǎo ne.

春香：我刚学汉语的时候，很重视写汉字。
Chūnxiāng: Wǒ gāng xué Hànyǔ de shíhou, hěn zhòngshì xiě Hànzì.

老师：现在为什么不重视了呢？
Lǎoshī: Xiànzài wèi shénme bú zhòngshìle ne?

春香：我觉得参加汉语水平考试，汉字不重要。
Chūnxiāng: Wǒ juéde cānjiā Hànyǔ Shuǐpíng Kǎoshì, Hànzì bú zhòngyào.

老师：你这样想不对。不好好儿学习汉字，要想取得好成绩是不可能的。
Lǎoshī: Nǐ zhèyàng xiǎng bú duì. Bù hǎohāor xuéxí Hànzì, yào xiǎng qǔdé hǎo chéngjì shì bù kěnéng de.

春香：谢谢老师！我以后一定注意多练习写汉字。
Chūnxiāng: Xièxie lǎoshī! Wǒ yǐhòu yídìng zhùyì duō liànxí xiě Hànzì.

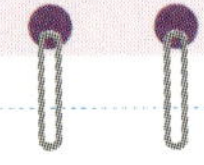

1 根据对话内容，回答下面的问题。Answer the following questions according to the dialogue.

1. 春香上一次考试考得怎么样？
   Chūnxiāng shàng yí cì kǎoshì kǎo de zěnmeyàng?
2. 这一次考试春香主要是什么问题？
   Zhè yí cì kǎoshì Chūnxiāng zhǔyào shì shénme wèntí?
3. 这一次春香为什么没有时间复习？
   Zhè yí cì Chūnxiāng wèi shénme méiyǒu shíjiān fùxí?
4. 老师怎么看这个问题？
   Lǎoshī zěnme kàn zhège wèntí?

5 现在 春香 为什么 不 重视 汉字？
Xiànzài Chūnxiāng wèi shénme bú zhòngshì hànzì?

2 根据对话内容填空，然后试着复述对话。Fill in the blanks according to the dialogue. Then try to retell the dialogue.

春香 很 想 知道 ① ________，老师
Chūnxiāng hěn xiǎng zhīdào ________, lǎoshī
告诉 她 ② ________，因为 ③ ________
gàosu tā ________, yīnwèi ________
________。春香 觉得 最近 ④ ________，
________. Chūnxiāng juéde zuìjìn ________,
可是 她 ⑤ ________，所以 ⑥ ________
kěshì tā ________, suǒyǐ ________
________。老师 觉得 ⑦ ________。除了 词语，
________. Lǎoshī juéde ________. Chúle cíyǔ,
春香 ⑧ ________，她 刚 学 汉语 ⑨ ________
Chūnxiāng ________, tā gāng xué Hànyǔ ________
________，后来 ⑩ ________，⑪ ________
________, hòulái ________, ________
________。
________.

朗读下面的短文，然后模仿短文介绍你的朋友学习汉语的方法。Read the following passage aloud, then use the passage as a model to talk about your friend's Chinese learning strategies. 12-06

乔丹 学 汉语 时间 不 长，但是 他 的 口语 特别 好，这 是 因为 他 只要 一 有 机会 就 用 汉语 说话。
Qiáodān xué Hànyǔ shíjiān bùcháng, dànshì tā de kǒuyǔ tèbié hǎo, zhè shì yīnwèi tā zhǐyào yì yǒu jīhuì jiù yòng Hànyǔ shuōhuà.

乔丹 的 中国 朋友 特别 多，平时 他 经常 和 他们 聊天儿。晚上 有 时间 的 话，他 就 看 中国 电影。如果 去 饭馆 吃饭，
Qiáodān de Zhōngguó péngyou tèbié duō, píngshí tā jīngcháng hé tāmen liáotiānr. Wǎnshang yǒu shíjiān de huà, tā jiù kàn Zhōngguó diànyǐng. Rúguǒ qù fànguǎn chīfàn,

他还喜欢跟服务员说话，练习口语。
tā hái xǐhuan gēn fúwùyuán shuōhuà, liànxí kǒuyǔ.

我的口语没有乔丹好，所以我也应该利用（use）所有的
Wǒ de kǒuyǔ méiyǒu Qiáodān hǎo, suǒyǐ wǒ yě yīnggāi lìyòng suǒyǒu de

机会多说汉语。
jīhuì duō shuō Hànyǔ.

交际活动 Communication Activities

双人活动 Pair Work

1 真由美是个性格内向的日本姑娘，以后她想当汉语老师，所以想学得快一点儿。你对她有什么建议？先准备一下，然后和同伴交流。Mayumi is a shy Japanese girl. She wants to become a Chinese teacher in the future, so she wants to learn Chinese fast. Do you have any suggestions for her? Prepare and talk to your partner about it.

Think about some good ways you know to study Chinese.

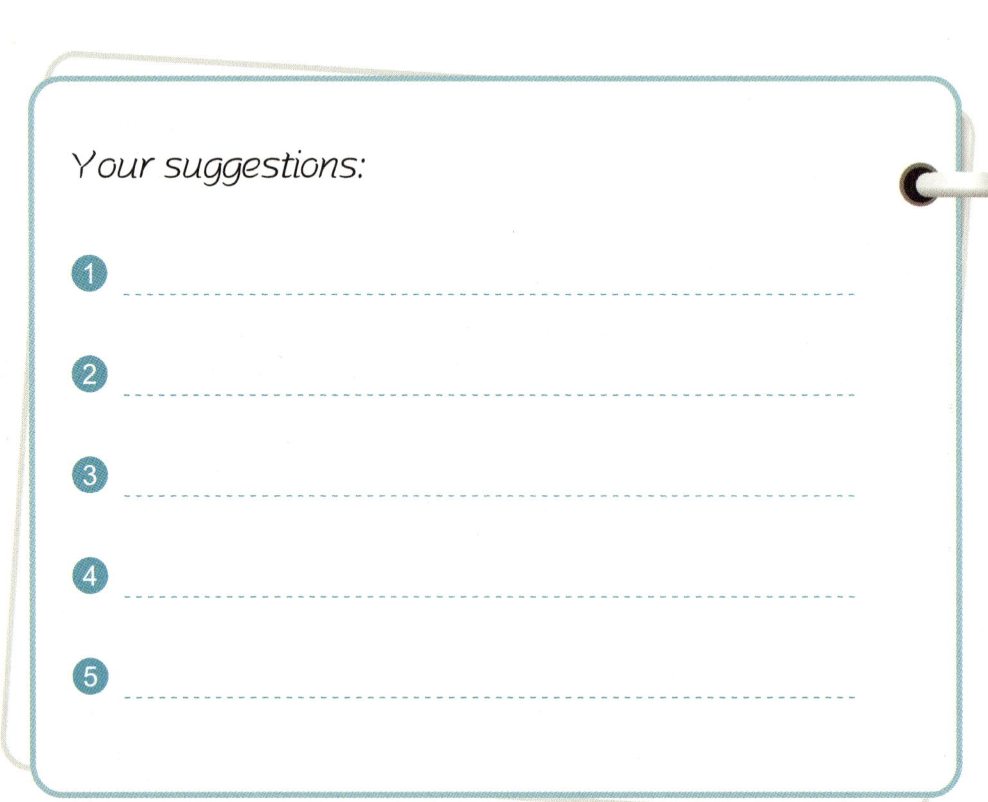

小组活动 Group Activity

1 三一四人一组，讨论一下罗比的问题，说说你们认为罗比这样能学好汉语吗。Work in groups of three or four. Discuss Robby's problems. Talk about whether you think Robby can learn Chinese well in this way.

罗比不喜欢上课，他每天上午睡觉，下午和晚上都泡在酒吧和中国人聊天。
Robby doesn't like to go to class. He sleeps in the morning, and goes to chat with Chinese people at the bar all afternoons and nights.

① The reasons why Robby doesn't like to go to class.
② The reasons why he likes to chat at bars.
③ The results of his studying Chinese in this way.

2 每组组织一段话，说明你们的看法。Prepare a presentation with your group members to express your opinions.

全班活动 Full-Class Activity

有一个 5 岁的中国小男孩想学习外语，他的妈妈想为他找一名外语老师，什么语言都可以。每人准备一段话推荐自己，其他人做评委给应聘者打分，看谁得的总分最高。A 5-year old Chinese boy wants to learn a foreign language, so his mother wants to hire a foreign teacher to teach him. Any language is OK. Each one of you prepares a presentation to recommend yourself to the mother. Others play the role as the interviewer to rate the candidates. See who gets the highest score.

1. You can introduce the language you know, your level of proficiency, your personality etc.
2. Talk specifically about what's your plan to teach the kid and how will you help him learn and practice.

给老师的提示

您可以为每人准备一个小牌子，一面是×，一面是✓。

课堂内外 Inside and Outside the Classroom

课后和你的中国朋友们分享一下你刚开始学汉语时发生的故事，也可以跟他们交流一下学习外语时遇到的问题。Share with your Chinese friend after class some incidents that happened to you when you started learning Chinese. You can also talk about the problems you run into while learning a foreign language.

复习与总结
Review and Sum-Up

1. 在这一课你学会了什么？试着写出你记住的词语。What did you learn in this lesson? Try to write down the words you remember.

You can also write in *Pinyin*. 

2. 替换。Substitute.

① 我学了快两年了，可是我 ______。
Wǒ xuéle kuài liǎng nián le, kěshì wǒ ______.

边学边忘 biān xué biān wàng
说得不太好 shuō de bú tài hǎo
有时候还听不懂 yǒushíhou hái tīng bu dǒng
会写的汉字不多 huì xiě de Hànzì bù duō

② 最近我们学的 ______ 越来越 ______，也越来越 ______。
Zuìjìn wǒmen xué de ______ yuèlái yuè ______, yě yuèlái yuè ______.

词语 cíyǔ	多 duō	难 nán
汉字 Hànzì	多 duō	难写 nán xiě
课文 kèwén	长 cháng	难懂 nán dǒng
句子 jùzi	长 cháng	难记 nán jì

③

学的词语 Xué de cíyǔ	越多， yuè duō,	考试成绩 kǎoshì chéngjì	应该会越好。 yīnggāi huì yuè hǎo.
认识的汉字 Rènshi de Hànzì		阅读 yuèdú	
中国朋友 Zhōngguó péngyou		口语 kǒuyǔ	
学汉语的时间 Xué Hànyǔ de shíjiān		成绩 chéngjì	

3. 模仿例句，完成下面的对话。Imitate the example to complete the following conversations.

例 A：你汉语说得太好了！
Nǐ Hànyǔ shuō de tài hǎo le!

B：哪里，我没有大卫说得好________。

① A：你汉字写得真好！
Nǐ Hànzì xiě de zhēn hǎo!

B：________________。

② A：她是你的女朋友吗？她真漂亮！
Tā shì nǐ de nǚpéngyou ma? Tā zhēn piàoliang!

B：________________。

③ A：你汉语说得这么好，学了好几年了吧？
Nǐ Hànyǔ shuō de zhème hǎo, xuéle hǎo jǐ nián le ba?

B：________________。

④ A：你买的这件衣服又便宜又漂亮！
Nǐ mǎi de zhè jiàn yīfu yòu piányi yòu piàoliang!

B：________________。

4. 模仿例句，用反问句完成下面的对话。Imitate the example, use rhetorical question to complete the following conversations.

例 A：你有朋友吗？
Nǐ yǒu péngyou ma?
B：谁没有朋友啊！

1. A：你有女朋友吗？
Nǐ yǒu nǚpéngyou ma?
B：________！

2. A：你去过超市吗？
Nǐ qùguo chāoshì ma?
B：________！

3. A：你喜欢放假吗？
Nǐ xǐhuan fàngjià ma?
B：________！

4. A：你想买便宜的东西吗？
Nǐ xiǎng mǎi piányi de dōngxi ma?
B：________！

5. 你学会怎么介绍自己学习汉语的情况了吗？你能介绍一些学习汉语的方法了吗？能跟老师或同学讨论关于考试的情况了吗？利用下面的表格复习一下。Can you introduce the situations of your Chinese learning now? Can you introduce a few methods to learn Chinese? Can you discuss outcomes of exams with your teacher or classmates now? Use the following table to review.

	Describe learning situations	Introduce Learning methods	Discuss the outcomes of exams
Listening			
Speaking			
Reading			
Writing			

复习二
Fùxí Èr

Review 2

语言练习 Language Practice

1 选词填空。Choose the appropriate words to fill in the blanks.

合适 héshì	主要 zhǔyào	吃不下 chī bu xià	摆 bǎi	重要 zhòngyào	不如 bùrú
适合 shìhé	不然 bùrán	放 fàng	吃不了 chī bu liǎo		

1. 这件衣服我穿不________，有点儿大。
Zhè jiàn yīfu wǒ chuān bù ________, yǒu diǎnr dà.

2. 这件衣服不________我，我还是看看别的吧。
Zhè jiàn yīfu bù ________ wǒ, wǒ hái shì kànkan bié de ba.

3. 我今天没有时间，________是因为我们明天要考试。
Wǒ jīntiān méiyǒu shíjiān, ________ shì yīnwèi wǒmen míngtiān yào kǎoshì.

4. 他是我在中国最________的朋友。
Tā shì wǒ zài Zhōngguó zuì ________ de péngyou.

5. 她的口语还________我呢，她刚来中国。
Tā de kǒuyǔ hái ________ wǒ ne, tā gāng lái Zhōngguó.

6. 今天我有事，________我一定和你一起去。
Jīntiān wǒ yǒu shì, ________ wǒ yídìng hé nǐ yìqǐ qù.

7. 花应该________得漂亮一点儿，现在这样不好看。
Huā yīnggāi ________ de piàoliang yìdiǎnr, xiànzài zhèyàng bù hǎokàn.

8. 我把你________在桌子上的面包吃了。
Wǒ bǎ nǐ ________ zài zhuōzi shang de miànbāo chī le.

9. 我刚吃完早饭，现在真的________。
Wǒ gāng chīwán zǎofàn, xiànzài zhēn de ________.

10. 这么多饺子，我________。
Zhème duō jiǎozi, wǒ ________.

2 用所给词语完成下面的句子。Use the given words to complete the following sentences.

等……了
děng ... le

1 ______________________，就 可以 跟 你 一起 去 散步 了。
______________________, jiù kěyǐ gēn nǐ yìqǐ qù sànbù le.

2 现在 太 黑 了，______________________，就 能 看见 了。
Xiànzài tài hēi le, ______________________, jiù néng kànjiàn le.

要不
yào bu

3 你 不 饿 是 吧？______________________。
Nǐ bú è shì ba? ______________________.

4 这个 问题 我 也 不 知道，______________________。
Zhège wèntí wǒ yě bù zhīdào, ______________________.

我看……
wǒ kàn ...

5 天气 预报 说 今天 要 下雨，______________________。
Tiānqì yùbào shuō jīntiān yào xiàyǔ, ______________________.

6 今天 的 考试 不 难，______________________。
Jīntiān de kǎoshì bù nán, ______________________.

不是……是……
bú shì ... shì ...

7 我 不 是 没有 好好儿 复习，______________________。
Wǒ bú shì méiyǒu hǎohāor fùxí, ______________________.

8 ______________________，是 没有 时间，所以 不 能 去。
______________________, shì méiyǒu shíjiān, suǒyǐ bù néng qù.

受不了
shòu bu liǎo

9 ______________________，我 打算 马上 回国。
______________________, wǒ dǎsuàn mǎshàng huíguó.

10 ______________________，我 要 搬家。
______________________, wǒ yào bānjiā.

不算
búsuàn

11 ______________________，给你当翻译没问题。
，gěi nǐ dāng fānyì méiwèntí.

12 ______________________，跟我们那儿的差不多。
，gēn wǒmen nàr de chàbuduō.

怪不得
guàibude

13 外面下大雨了，______________________。
Wàimiàn xià dàyǔ le, ______________________.

14 她正在听音乐呢，______________________。
Tā zhèngzài tīng yīnyuè ne, ______________________.

不如
bùrú

15 ______________________，所以，还是今天去吧。
，suǒyǐ, háishi jīntiān qù ba.

16 ______________________，咱们还是去那个宾馆吧。
，zánmen háishi qù nàge bīnguǎn ba.

活动 Activities

1 先看看下面的几幅图片，从中选择一张给你的同伴介绍，但不要告诉他是哪一幅，让他听完你的介绍后指出是哪一幅。Look at the following pictures, select one and introduce it to your partner, but don't tell him or her which picture you chose. Have your partner point out which picture you described after you introduced the picture.

1
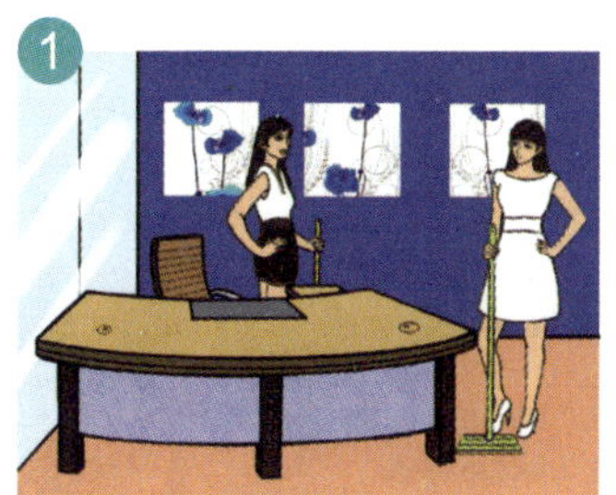

2
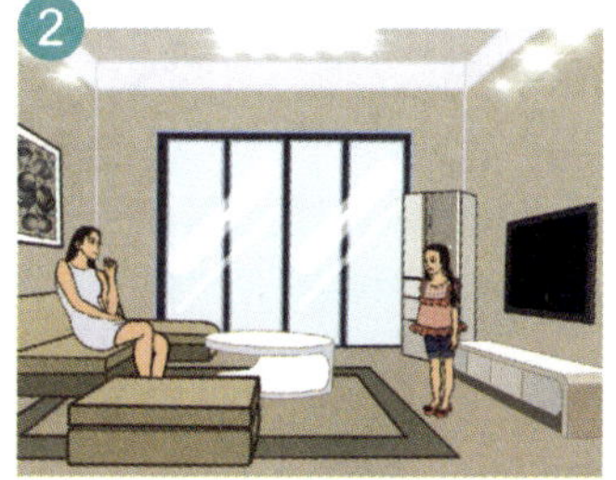

3

Your partner don't know which picture it is, so you might have to be more specific when explaining the picture.

2 两人一组。参考调查表中的问题，调查中国人学习外语的情况，并向全班介绍。Work in groups of two. Use the questionnaire as a reference to investigate the circumstances of Chinese people learning foreign languages. Present your findings to the class.

You can compare the ways Chinese people learn foreign languages to your way of learning Chinese. 

Questionnaire	
1 What foreign language have you learned?	
2 Why do you learn this foreign language?	
3 Do you think it's hard to learn a foreign language?	
4 Which one out of listening, speaking, reading and writing is the most difficult one? Why?	
5 How do you generally learn a foreign language after class?	
6 Do you have any good ways of learning a foreign language?	

3 猜词语比赛。Words guessing competition.

老师将词语做成卡片。学生两人一组，一个人表演、一个人猜，看哪一组猜出的词语最多。The teacher selects some words to make word cards. Students work in pairs, one acts out the words, and the other guesses. See which team can guess the most words.

You may use body language, but we strongly suggest you use the Chinese you have learned in class. You may not say the words that are supposed to be guessed.

给老师的提示 您可以事先准备好词语卡片，也可以让学生们一起准备。尽量不要选择那些意思抽象的词语。

蛋糕 dàngāo	闹钟 nàozhōng	生气 shēngqì	热闹 rènao
安静 ānjìng	蚊子 wénzi	窗户 chuānghu	看病 kànbìng
凉快 liángkuài	长发 chángfà	冰箱 bīngxiāng	照片 zhàopiàn

短剧表演 Skits

将全班分成四组，抽签选择短剧的内容。小组成员一起商量短剧怎么演，每个人应该说什么话，准备好以后给大家表演。Divide the whole class into four teams. Randomly draw a note card to determine the scenario of your group's skit. Plan out your skit with your team, and perform it in the class.

1 有个男生对班里的一个女生很有好感，为了接近并了解她，男生想方设法地邀请女生一起吃饭或者看电影等，但总是遭到女生的拒绝。最后他想了一个好办法，终于约到了这个女生。
A guy is interested in a girl from his class. In order to know more and get closer to her, the guy keeps trying to invite the girl to eat or watch movies together. The girl keeps rejecting him. Eventually, he comes up with a good idea and goes on a date with the girl.

2 旅游景点附近有两个家庭饭馆，他们分别想方设法招揽客人。
There are two small family-owned restaurants near a scenic spot. They compete for more customers in different ways.

评价表 Scoring Sheet

My team's performance	A	B	C	D	E
My performance	A	B	C	D	E
The best team	Team 1	Team 2	Team 3	Team 4	
The best performers	1	2	3		

Use the table above to rate your and your team's performance as well as other teams' performances.

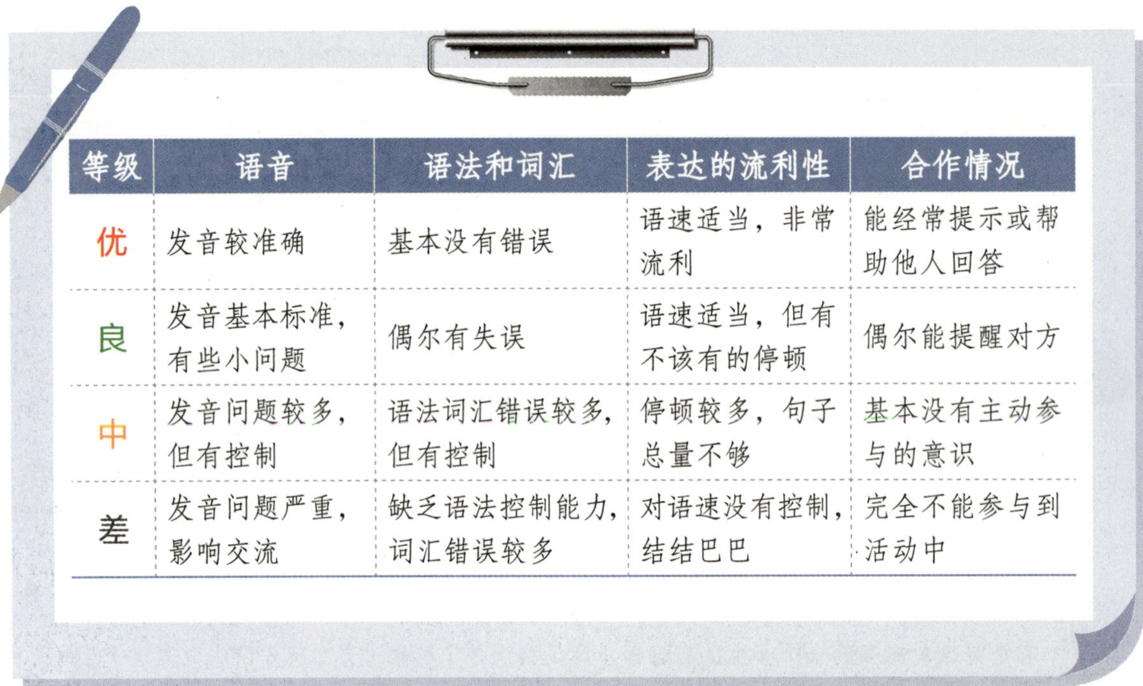

等级	语音	语法和词汇	表达的流利性	合作情况
优	发音较准确	基本没有错误	语速适当，非常流利	能经常提示或帮助他人回答
良	发音基本标准，有些小问题	偶尔有失误	语速适当，但有不该有的停顿	偶尔能提醒对方
中	发音问题较多，但有控制	语法词汇错误较多，但有控制	停顿较多，句子总量不够	基本没有主动参与的意识
差	发音问题严重，影响交流	缺乏语法控制能力，词汇错误较多	对语速没有控制，结结巴巴	完全不能参与到活动中

给老师的提示 您可以利用这个表格对各组表现进行评价。

词语表
Vocabulary Index

第 1 课

1	自我介绍	zì wǒ jièshào	to make a self-introduction
2	路上	lùshang	on the way
3	日常	rìcháng	daily
4	日用品	rìyòngpǐn	daily necessity
5	午饭	wǔfàn	lunch
6	购物	gòuwù	to shop
7	停车场	tíngchēchǎng	parking lot
8	要求	yāoqiú	request
9	提	tí	to make, to propose
10	参观	cānguān	to visit
11	旅游	lǚyóu	to travel
12	其他	qítā	other
13	专业	zhuānyè	major
14	文学	wénxué	literature
15	虽然	suīrán	although
16	关于	guānyú	about
17	赶紧	gǎnjǐn	to hurry up
18	互相	hùxiāng	mutually
19	大厅	dàtīng	lobby

Proper Noun

1	马修	Mǎxiū	Matthew
2	乔丹	Qiáodān	Jordan
3	莎莎	Shāshā	Sasa
4	李伟	Lǐ Wěi	Li Wei

Supplementary Word[1]

1	自己	zìjǐ	self
2	山东	Shandong	Shandong Province

第 2 课

1	袜子	wàzi	sock
2	白色	báisè	white
3	容易	róngyi	easy
4	深色	shēnsè	dark color

[1] 活动和练习中补充的词语。

5	运动鞋	yùndòngxié	sneaker
6	衬衣	chènyī	shirt
7	帽子	màozi	hat
8	蓝色	lánsè	blue
9	T恤衫	T xù shān	T-shirt
10	长袖	chángxiù	long sleeve
11	短袖	duǎnxiù	short sleeve
12	中号	zhōnghào	medium size
13	小号	xiǎohào	small size
14	试衣间	shìyījiān	fitting room
15	大号	dàhào	large size
16	价钱	jiàqián	price
17	裤子	kùzi	pants
18	牛仔裤	niúzǎikù	jeans
19	深	shēn	dark
20	浅色	qiǎnsè	light color

Supplementary Word

1	解决	jiějué	to solve
2	西服	xīfú	suit
3	领带	lǐngdài	tie
4	毛衣	máoyī	sweater
5	运动衣	yùndòngyī	sweatshirt
6	皮鞋	píxié	leather shoes
7	羽绒服	yǔróngfú	down jacket
8	肥	féi	fat
9	瘦	shòu	skinny

第3课

1	壶	hú	*measure word*, a pot of
2	饿	è	hungry
3	凉拌	liángbàn	to dress cold vegetables with sauce
4	黄瓜	huánggua	cucumber
5	红烧	hóngshāo	to braise
6	糖醋	tángcù	sweet and sour
7	排骨	páigǔ	pork ribs
8	份	fèn	*measure word*, a serving of
9	蔬菜	shūcài	vegetable
10	清炒	qīngchǎo	to stir-fry
11	菜心	càixīn	Chinese flowering cabbage
12	味精	wèijīng	MSG
13	汤	tāng	soup
14	敢	gǎn	dare
15	胖	pàng	fat
16	豆腐	dòufu	tofu
17	肉	ròu	meat
18	酱	jiàng	sauce
19	做饭	zuòfàn	to cook

20	泡菜	pàocài	pickled vegetables
21	有名	yǒumíng	famous
22	完全	wánquán	complete
23	(习)惯	(xí) guàn	to be used to

Supplementary Word

1	凉菜	liángcài	cold dish
2	热菜	rècài	hot dish
3	口味	kǒuwèi	taste
4	西红柿	xīhóngshì	tomato
5	白菜	báicài	Chinese cabbage
6	辣椒	làjiāo	pepper
7	炒	chǎo	to stir-fry

第4课

1	看见	kànjiàn	to see
2	市中心	shìzhōngxīn	downtown
3	商场	shāngchǎng	department store
4	位置	wèizhi	location
5	菜市场	càishìchǎng	farmer's market
6	站	zhàn	to stand
7	小商品	xiǎoshāngpǐn	smallware
8	后面	hòumian	behind
9	小卖部	xiǎomàibù	convenience store
10	饮料	yǐnliào	beverage
11	不见不散	bújiàn-búsàn	see you there
12	步行	bùxíng	to walk
13	东南(边)	dōngnán (bian)	southeast (side)
14	烧烤店	shāokǎo diàn	BBQ restaurant
15	西北	xīběi	northwest
16	角	jiǎo	corner
17	语言	yǔyán	language
18	相当	xiāngdāng	quite
19	地下通道	dìxià tōngdào	underground tunnel
20	方向	fāngxiàng	direction
21	打听	dǎting	to ask about, to inquire about

Proper Noun

1	新街口	Xīnjiēkǒu	Xinjiekou

Supplementary Word

1	篮球场	lánqiúchǎng	basketball court
2	足球场	zúqiúchǎng	soccer field
3	西餐	Xīcān	Western-style cuisine

第5课

1	算	suàn	to count
2	遇到	yùdào	to run into
3	差点儿	chà diǎnr	almost
4	迟到	chídào	late
5	交通工具	jiāotōng gōngjù	transportation
6	开车	kāichē	to drive a car
7	后来	hòulái	later
8	乘坐	chéngzuò	to take
9	公共	gōnggòng	public
10	前天	qiántiān	the day before yesterday
11	机场大巴	jīchǎng dàbā	airport express
12	箱子	xiāngzi	suitcase
13	起飞	qǐfēi	to take off
14	来得及	lái de jí	there is still time
15	查	chá	to check
16	趟	tàng	*measure word*
17	出租车	chūzūchē	taxi
18	骑车	qíchē	to ride a bike
19	周	zhōu	week
20	风景	fēngjǐng	scenery

Supplementary Word

1	担心	dānxīn	to worry
2	自行车	zìxíngchē	bicycle
3	私家车	sījiāchē	private car

第6课

1	人员	rényuán	staff
2	丢	diū	to lose
3	外套	wàitào	coat, outwear
4	本	běn	*measure word* (used for books and notebooks)
5	词典	cídiǎn	dictionary
6	窗台	chuāngtái	windowsill
7	牌子	páizi	brand
8	普通	pǔtōng	ordinary
9	休闲	xiūxián	casual
10	名牌	míngpái	famous brand
11	添	tiān	to add
12	生词	shēngcí	new word
13	大部分	dàbùfen	majority
14	看来	kànlái	look like
15	明白	míngbai	understand

16	收到	shōudào	to receive
17	国际	guójì	international
18	教育	jiàoyù	education
19	学院	xuéyuàn	college
20	另外	lìngwài	other, else
21	收发室	shōufāshì	mail room

第7课

1	锻炼	duànliàn	to exercise
2	广场舞	guǎngchǎng wǔ	square dance
3	外国人	wàiguórén	foreigner
4	改天	gǎitiān	another day
5	脸色	liǎnsè	look
6	(睡)着	(shuì) zháo	to fall (asleep)
7	午觉	wǔjiào	nap
8	实在	shízài	really
9	长	zhǎng	to gain, to grow
10	油腻	yóunì	greasy
11	特	tè	especially
12	爱	ài	to love
13	蛋糕	dàngāo	cake
14	瘦	shòu	thin, skinny
15	事情	shìqing	thing
16	闹钟	nàozhōng	alarm
17	响	xiǎng	to ring
18	让	ràng	to let
19	生气	shēngqì	angry
20	原谅	yuánliàng	to forgive
21	请客	qǐngkè	to treat
22	一言为定	yìyán-wéidìng	it's a deal

Supplementary Word

1	道歉	dàoqiàn	to apologize

第8课

1	标准间	biāozhǔnjiān	standard room
2	三人间	sānrénjiān	triple room
3	押金	yājīn	deposit
4	退	tuì	to withdraw
5	总台	zǒngtái	front desk
6	热闹	rè'nao	lively
7	吵	chǎo	noisy
8	受	shòu	to bear
9	安静	ānjìng	quiet
10	海	hǎi	ocean

11	手续	shǒuxù	formality
12	服务	fúwù	service
13	客人	kèren	guest
14	订	dìng	to book
15	辆	liàng	*measure word*, (used for vehicles)
16	叫醒服务	jiàoxǐng fúwù	wake-up call service
17	早餐	zǎocān	breakfast
18	蚊子	wénzi	mosquito
19	蚊香	wénxiāng	mosquito coil

Supplementary Word

1	满	mǎn	occupied
2	民宿	mínsù	homestay

第9课

1	房费	fángfèi	room rate
2	付	fù	to pay
3	嘛	ma	*modal particle*
4	布置	bùzhì	to decorate, to furnish
5	床	chuáng	bed
6	桌子	zhuōzi	desk
7	衣柜	yīguì	closet
8	冰箱	bīngxiāng	refrigerator
9	中间	zhōngjiān	middle
10	共用	gòngyòng	to share
11	窗户	chuānghù	window
12	椅子	yǐzi	chair
13	右边	yòubian	right
14	放	fàng	to put
15	书架	shūjià	bookshelf
16	清	qīng	clearly
17	食品	shípǐn	food
18	柜子	guìzi	cabinet
19	整齐	zhěngqí	organized
20	挂	guà	to hang
21	画儿	huàr	painting
22	摆	bǎi	to place
23	花儿	huār	flower

Supplementary Word

1	使用	shǐyòng	to use
2	根据	gēnjù	base on
3	沙发	shāfā	sofa
4	茶几	chájī	tea table
5	电视柜	diànshìguì	TV stand

第10课

1	感觉	gǎnjué	to feel, to think
2	只是	zhǐshì	just
3	浑身	húnshēn	all over, from head to foot
4	力气	lìqi	energy
5	按时	ànshí	on time
6	精神	jīngshen	vigorous
7	坚持	jiānchí	to insist
8	耳	ěr	ear
9	聋	lóng	deaf
10	眼	yǎn	eye
11	花	huā	presbyopia
12	腿脚	tuǐjiǎo	ability to walk
13	腿	tuǐ	leg
14	照顾	zhàogù	to look after
15	难受	nánshòu	side
16	看病	kànbìng	to see a doctor
17	挂号处	guàhàochù	registration
18	内科	nèikē	internal medicine
19	校医院	xiàoyīyuàn	school infirmary
20	中医	zhōngyī	doctor of traditional Chinese medicine, traditional Chinese medicine therapy
21	调理	tiáolǐ	to heal

Supplementary Word

1	感到	gǎndào	to feel
2	受伤	shòushāng	to hurt
3	撞	zhuàng	to hit
4	摔	shuāi	to fall
5	口罩	kǒuzhào	mask
6	手绢	shǒujuàn	handkerchief

第11课

1	理（发）	lǐ (fà)	to have a hair cut
2	发型	fàxíng	hairstyle
3	平头	píngtóu	short hair
4	凉快	liángkuai	cool
5	寸头	cùntóu	buzz cut
6	洗	xǐ	to wash
7	干洗	gānxǐ	to dry wash
8	剪	jiǎn	to cut
9	烫（发）	tàng (fà)	to perm (hair)

10	吹	chuī	to dry
11	适合	shìhé	to fit
12	染（发）	rǎn (fà)	to dye (hair)
13	选	xuǎn	to pick, to choose
14	合适	héshì	appropriate
15	长发	chángfà	long hair
16	留	liú	to grow (hair)

Supplementary Word

1	按照	ànzhào	according to
2	理发店	lǐfàdiàn	barber shop
3	美发厅	měifàtīng	hair salon
4	直发	zhífà	straight hair

第12课

1	谦虚	qiānxū	humble
2	去年	qùnián	last year
3	怪不得	guàibudé	no wonder
4	根本	gēnběn	at all
5	够	gòu	enough
6	开玩笑	kāiwánxiào	joking
7	法律	fǎlǜ	law
8	系	xì	department
9	噢	ō	*modal particle*, oh
10	叮咚	dīngdōng	*mimetic word*, bingo
11	回答	huídá	to answer
12	正确	zhèngquè	correct
13	方面	fāngmian	aspect
14	不如	bùrú	not as good as
15	主要	zhǔyào	main
16	词语	cíyǔ	word
17	不然	bùrán	otherwise
18	重视	zhòngshì	to value

Proper Noun

1	俄语	Éyǔ	Russian

Supplementary Word

1	利用	lìyòng	use